AWS

La guía de estudio completa para profesionales certificados en la nube para aprender los principios de AWS desde el nivel principiante hasta el avanzado. ¡Mejore sus habilidades informáticas hoy!

By

Aiden Phillips

Índice de contenidos

INTRODUCCIÓN 6

CÓMO EMPEZAR 8
¿Por dónde empezar? 10
Consola de administración de AWS 14
Servidor EC2 14
EC2: Una rápida visión general 15
Niveles gratuitos y precios de AWS 16

COMPUTAR 19
Amazon Elastic Compute Cloud (EC2) 19
Tipos de servidores 20
En esta ocasión, vamos a ver los aspectos más destacados del sistema Amazon EC2 que facilita a los usuarios 22
Beneficios de Amazon EC2 22
Componentes básicos 24
Beneficios 24

ALMACENAMIENTO 25
Almacenamiento de AWS 25
Almacenamiento de distribución de valores clave 28
Fundamentos del almacenamiento S3 31
Gestión de objetos S3 32

BASE DE DATOS DE AWS 33
Amazonía Aurora 33
Amazon DynamoDB 36

REDES Y ENTREGA DE CONTENIDOS 39
AWS Direct Connect 43
Redes de alto rendimiento de AWS 45

HERRAMIENTAS DE GESTIÓN 47

SEGURIDAD, IDENTIDAD Y CONFORMIDAD DE AWS 56

Servicios de seguridad y cumplimiento de la normativa 56
Seguridad 56
Beneficios de la seguridad de AWS 58
Seguridad de las infraestructuras 58
Cifrado de datos 59
Configuración e inventario 60
Registro y control 60
Control de acceso e identidad 62
Pruebas de penetración 63
Mitigación de DDoS 63
Conformidad con AWS 63
PCI DSS Nivel 1 65
Privacidad y normativa 65
Marcos y alineaciones 66

INTEGRACIÓN DE APLICACIONES 68

Amazon SQS 68
Funciones escalonadas de Amazon Web Services 68
Servicio de Notificación Simple o SNS 68
Amazon SQS 70
Puerta de enlace de la API de Amazon 71

AWS DESKTOP & APP STREAMING 72

Espacios de trabajo de   Amazon 72
Amazon AppStream 2.0 73
Amazon WorkLink 74

HERRAMIENTAS PARA DESARROLLADORES 76

Compromiso de código de AWS 76
Creación de código de AWS 76
AWS Code Deploy 76
Canalización de código de AWS 78
Código estrella de AWS 78

| Amazon Corretto | 79 |
| Rayos X AWS | 80 |

INTRODUCCIÓN A AMAZON CLOUDWATCH 81

¿Cómo funciona Amazon Cloud Watch? 81
Componentes de CloudWatch 82
Unidades 84
Agregación 85
Alarma 87

CONCLUSIÓN: 88

Introducción

AWS ofrece muchos servicios web. Aquí hablaremos de ellos. La computación en la nube, en los términos más simples, significa almacenar y procesar datos y servicios a través de Internet, en lugar del disco duro de su ordenador.

El disco duro es lo que no es la computación en nube. Se llama almacenamiento y computación local cuando almacenas datos en el disco duro o ejecutas programas desde él. Todo lo que necesitas está físicamente cerca de ti, lo que significa que tienes un acceso rápido y fácil a tus datos (para ese dispositivo, o los de la red local). El funcionamiento del disco duro es la forma en que la industria tecnológica ha estado operando durante una década.

El futuro de la tecnología informática está en la nube. Lo que significa que si no está adaptando su empresa para que se adapte al modelo de la nube, su empresa se quedará atrás en este mundo de la tecnología moderna.

La computación en nube es cuando las organizaciones comparten una red de servidores de libre acceso. Los servidores se almacenan en Internet, lo que permite a las empresas manejar los datos "en la nube" en lugar de en un servidor local. Es un espacio virtual en el que los dispositivos de la red pueden acceder a los datos desde cualquier lugar.

Aunque la computación en nube sólo ha cobrado un gran impulso en las dos últimas décadas aproximadamente, el concepto existe desde los años sesenta. John McCarthy, un reputado informático, introdujo la idea cuando inventó una tecnología que permitiría comercializar la computación como un producto básico, como la electricidad o el agua. Indicó que cada abonado sólo tendría que pagar por la capacidad que realmente utilizara y que ciertos usuarios podrían vender servicios a otros usuarios.

Amazon Web Services es una sólida plataforma en la nube desarrollada por el gigante del comercio electrónico Amazon. Ofrece servicios de software como servicio (SaaS), plataforma como servicio (PaaS) e infraestructura como servicio (IaaS). Piense en la historia del suministro eléctrico para comprender la lógica de AWS.

Al principio, las fábricas construyen sus propias plantas para alimentar sus propias instalaciones. Con el tiempo, los gobiernos y los inversores privados han desarrollado grandes centrales eléctricas que suministran electricidad a numerosas ciudades, fábricas y hogares. Con este nuevo modelo, las fábricas pagarán aún menos por unidad de energía debido a las economías de escala de que gozan las enormes centrales eléctricas. AWS se diseñó y construyó sobre la base de una lógica similar.

En 2006, Amazon se había consolidado como el mayor minorista online del mundo, un papel que aún mantiene. Para llevar a cabo una operación de tal envergadura se necesitaba una infraestructura amplia y sofisticada. Ello dotó a Amazon de una gran experiencia en la gestión de redes y servidores a gran escala.

Como resultado, AWS se lanzó en 2006 cuando Amazon intentó hacer accesible a empresas y particulares la infraestructura tecnológica que había desarrollado y la experiencia que había adquirido. AWS fue uno de los primeros modelos informáticos de pago por uso (PAYG) que podía escalar el rendimiento, el almacenamiento y la computación en función de las necesidades cambiantes del usuario.

Cómo empezar

AWS cuenta con un enorme menú de servicios ofrecidos que se dividen en diferentes secciones para la comodidad de sus clientes. Estos se pueden encontrar desde la sección "Productos" a la que se puede acceder desde la página principal del sitio web.

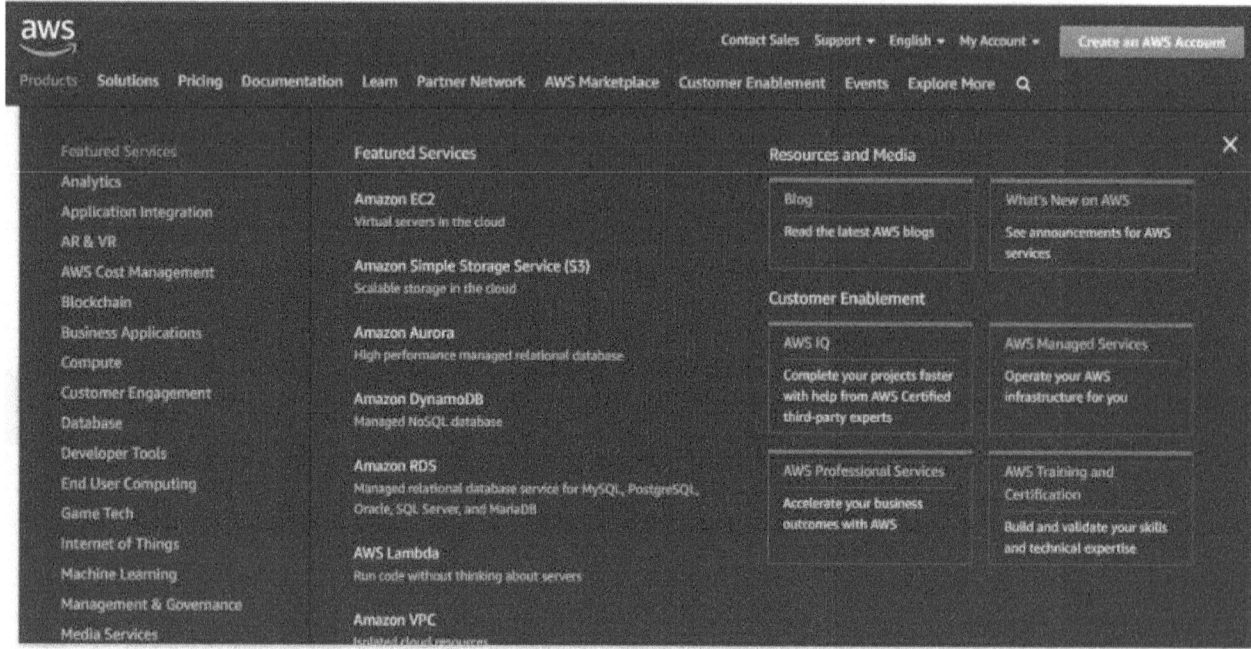

AWS cuenta con una enorme infraestructura que se extiende por todo el mundo. Puede ver dónde se encuentran sus centros de datos accediendo a la página "Infraestructura global".

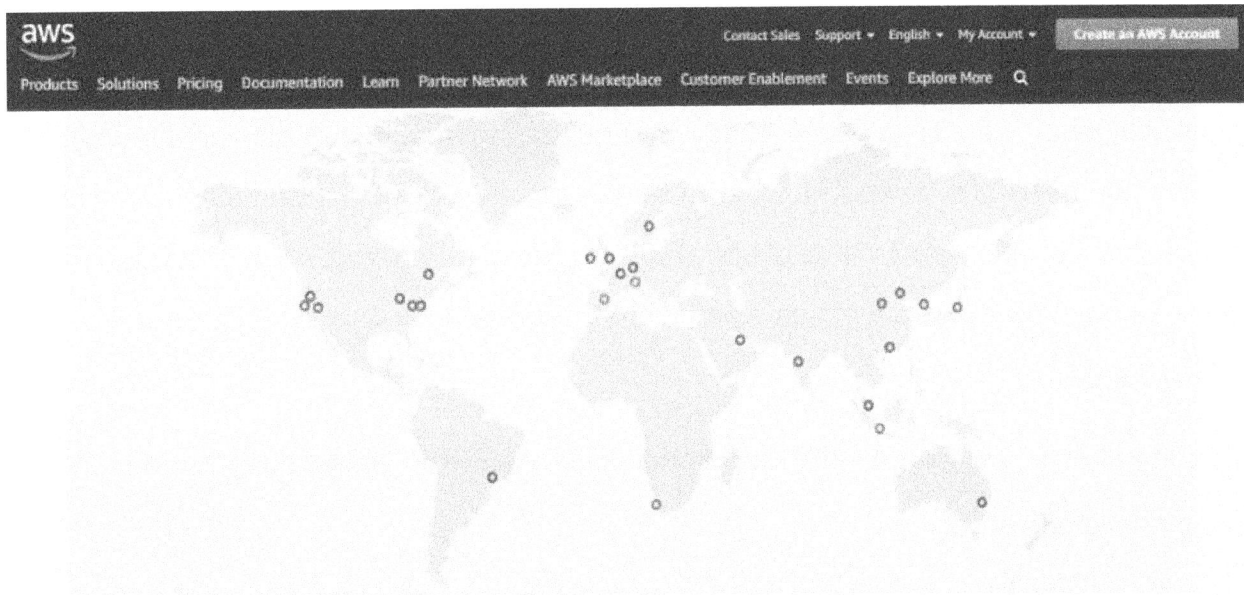

Los puntos anaranjados de la página representan las nuevas regiones próximas, mientras que los puntos azules son las regiones actuales. Este mapa es muy útil para encontrar la mejor región y zona para su negocio. Si hace clic en los puntos azules, le indicarán la región y cuántas zonas disponibles hay en la región.

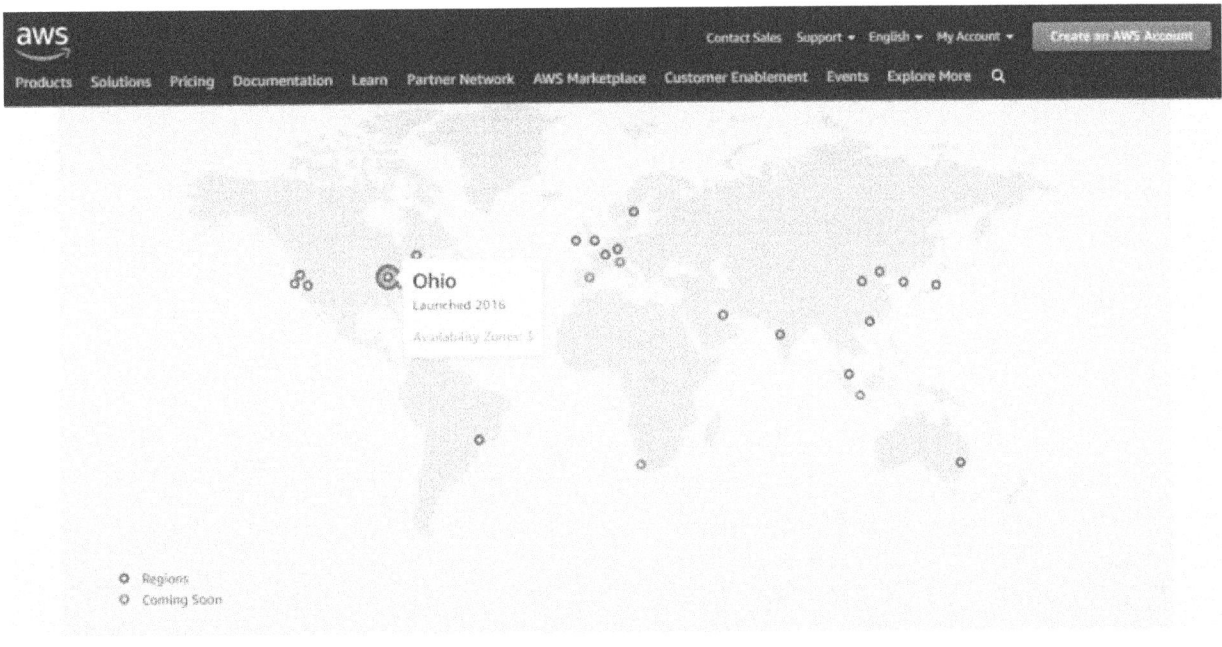

¿Por dónde empezar?

No dejes que la impresionante gama de servicios que ofrece AWS te confunda. AWS puede parecer extremadamente complicado, pero el hecho es que AWS también tiene muy buenos tutoriales y facilidades de ayuda. Si te quedas atascado en cualquier parte del sitio, simplemente busca el botón de ayuda. Si estás realmente atascado, ponte en contacto con su amable y eficiente servicio de ayuda; estarán más que dispuestos a ayudarte a navegar a través del proceso de puesta en marcha si es necesario.

Planificación

El primer paso en el viaje a AWS es determinar exactamente cuáles son los requisitos del sistema basado en la nube.

Para ello, especifique el sistema como si fuera a instalar un sistema de red in situ. Obtén todos los detalles de lo que se requiere del sistema, incluyendo el software y los servicios que el sistema necesitará para soportar y ejecutar.

Una vez que tenga los fundamentos de cuáles son las necesidades, el alcance del sistema y para qué se va a utilizar, deberá averiguar los mejores métodos de implementación, la mejor plataforma de servicios (IaaS, SaaS, PaaS) y los servicios alojados ofrecidos por AWS que puedan ser necesarios.

AWS ofrece un gran servicio de soporte y un equipo de diseño que puede ayudar a seleccionar las mejores soluciones para las necesidades de la organización.

La pantalla de AWS

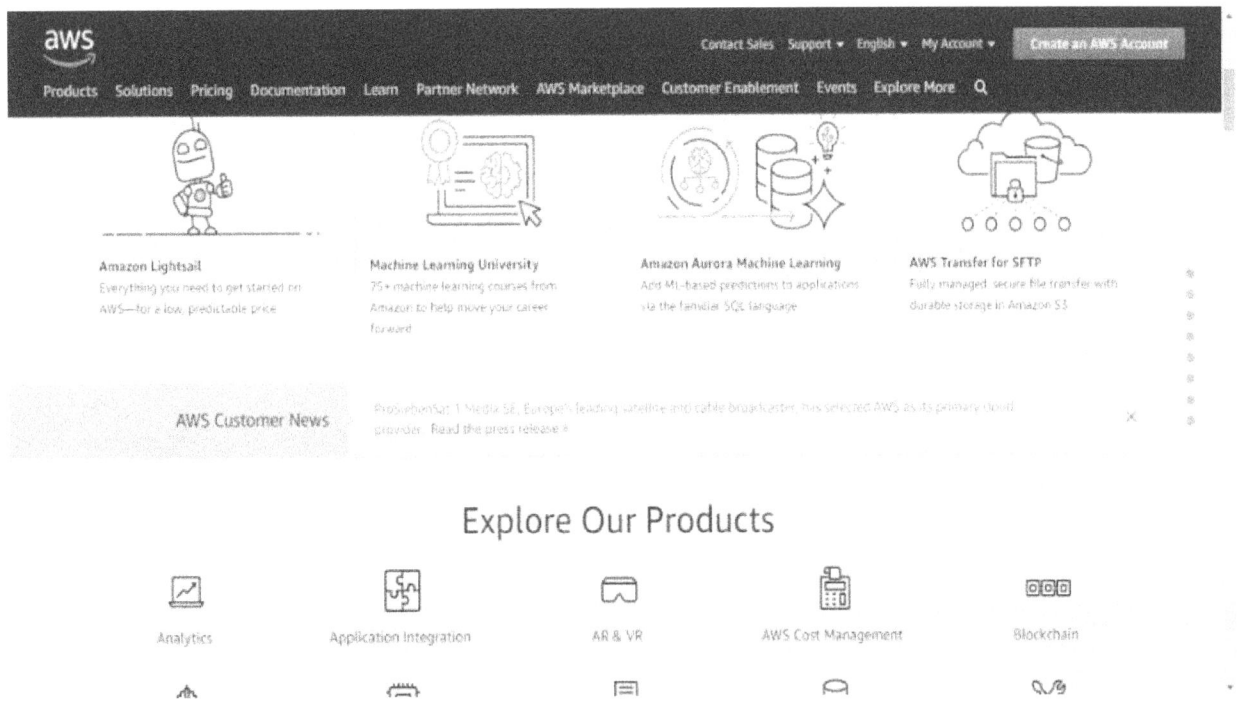

La pantalla de AWS es bastante sencilla. Puedes navegar por los servicios y las diversas opciones de menú que aparecen en el sitio sin tener que registrarte o iniciar sesión en el sitio.

Elegir el paquete o servicio correcto

AWS tiene una opción para ayudar a elegir los paquetes o servicios correctos. Esto se puede hacer navegando por los productos. Éstos se dividen en grupos según su función. Por ejemplo, Analytics tiene una lista de todos los servicios analíticos que ofrece AWS. Cada uno de estos servicios tiene una descripción más detallada para ayudar al cliente a entender mejor su uso.

También tienen un elemento de selección del menú de servicios destacados que enumera sus servicios más populares. Otra forma de explorar los servicios es hacerlo a través de la sección de soluciones del sitio web de AWS. Los servicios ofrecidos están organizados por medio de para qué se utiliza el sistema alojado, por industria o por tipo de organización.

Una vez que tenga una idea de los productos y servicios ofrecidos, podrá formular mejor los requisitos para su organización. El siguiente paso sería comprobar los precios, en los que se enumeran los distintos costes y se incluye una práctica sección en la que se explica cómo funcionan la estructura de precios y las opciones de AWS.

Una vez recopilada toda la información, el siguiente paso es crear una cuenta en AWS, introducir todos los detalles necesarios y elegir la región, la zona, la estructura de precios, el modelo de implementación y los servicios.

Una vez activados los servicios, recibirá una notificación y podrá empezar a utilizar el nuevo sistema basado en la nube.

¿Qué son las zonas y regiones?

Amazon cuenta con centros de datos de muy alta tecnología que están ubicados en diferentes áreas geográficas. Estas áreas geográficas son las regiones, y las regiones tienen unas ubicaciones separadas llamadas zonas de disponibilidad. Las zonas locales son las áreas donde se pueden colocar los recursos para que estén más cerca del usuario final.

¿Cómo elegir una zona y una región?

Las zonas de disponibilidad permiten a una organización distribuir recursos entre ellas para que no haya un punto de fallo en caso de que una de las zonas de AWS se caiga. Si una empresa tiene instancias distribuidas en varias zonas, se pueden incorporar procesos de conmutación por error para garantizar que las interrupciones en una zona puedan ser gestionadas por otra.

Las zonas locales permiten distribuir los servicios en una zona más cercana al usuario final para su comodidad. Sin embargo, las zonas locales no están disponibles en todas las regiones. Para comprobar si hay una zona local en el área requerida, debe comprobarlo en el sitio web en "Ubicaciones geográficas".

Las regiones son los lugares donde se aloja una instancia de servidores EC2. Cada región estará en una ubicación distinta a las demás para garantizar la resistencia del sistema. Con instancias aisladas de servicios ubicadas en varias regiones remotas, AWS puede ofrecer un alto nivel de continuidad del servicio.

Aunque las regiones pueden ser específicas del lugar donde se encuentra la organización, se pueden seleccionar regiones para que los servicios estén más cerca del usuario final o del cliente. Esto significa que si el cliente está ubicado en Sudamérica, puede tener instancias ubicadas en Norteamérica, Europa, etc.

Comprueba siempre el precio y el plan de servicio, ya que hay cargos por la transferencia de datos entre las regiones.

Creación de la cuenta

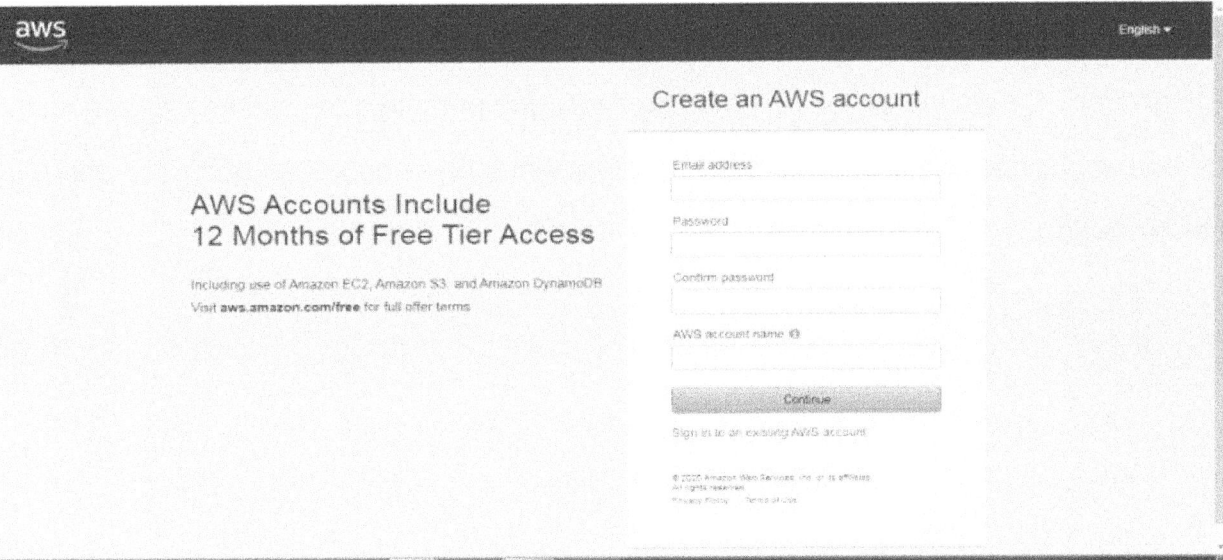

Cree una cuenta seleccionando el botón "Registrarse" en la esquina superior derecha de la página web de AWS. Introduzca la dirección de correo electrónico que se utilizará para las transacciones y la correspondencia de la cuenta. Establezca una contraseña y elija el nombre de la cuenta de AWS, haga clic en continuar y siga las instrucciones que le llevarán a través de la configuración paso a paso.

En cualquier momento, si necesita asistencia, la ayuda de AWS y los servicios de apoyo están disponibles las 24 horas del día.

Consola de administración de AWS

AWS dispone de una consola de administración para ayudar a los usuarios a gestionar y navegar por sus servicios. Es una interfaz gráfica de usuario (GUI) personalizable que permite al usuario final controlar los servicios seleccionados. Ayuda al usuario final a ejecutar servicios como aplicaciones, almacenamiento, infraestructura en la nube y cualquier otro servicio que ejecute en la nube de AWS.

Servidor EC2

AWS ofrece muchos servicios que son rápidos y fáciles de lanzar a precios rentables. Casi todos los paquetes de AWS son escalables y funcionan sobre una base de computación elástica para garantizar que funcionan solo con la cantidad de recursos que necesitan.

El servidor EC2 es uno de los recursos de AWS que permite a los clientes la comodidad de una capacidad elástica para ejecutar aplicaciones en la nube con poca sobrecarga y compromiso.

EC2: Una rápida visión general

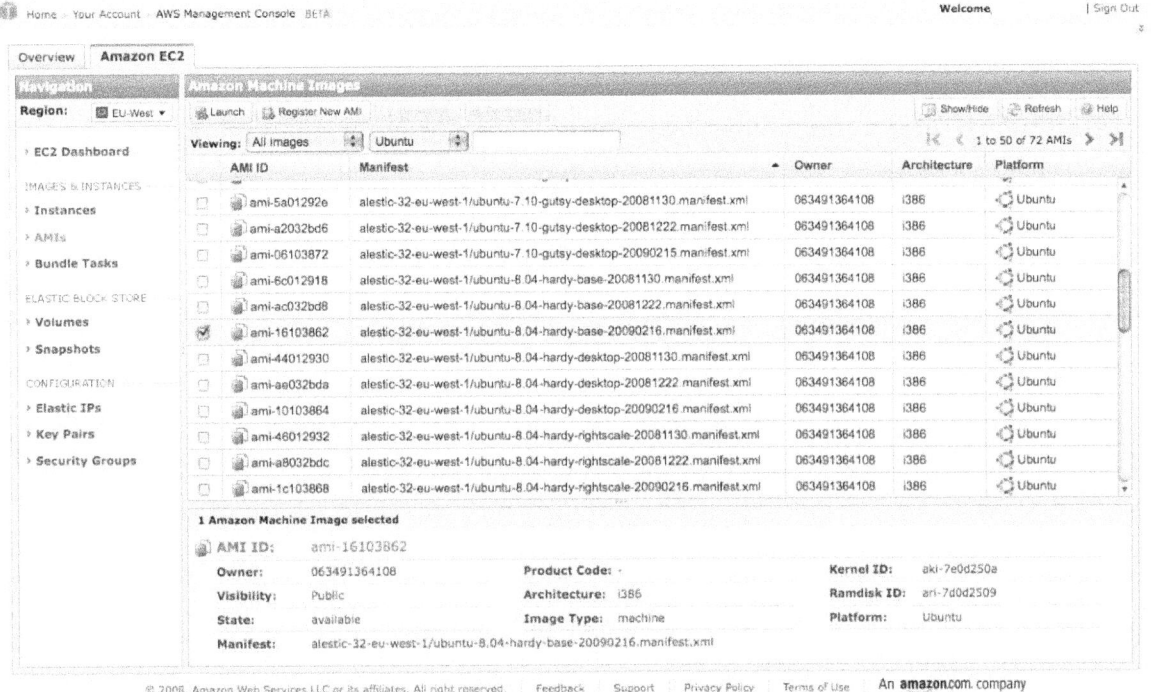

EC2 es la nube de computación elástica de AWS que ofrece a los usuarios finales un entorno de nube seguro y altamente escalable. Ofrece a los clientes un control total sobre los recursos elegidos y la seguridad de operar dentro de la nube de AWS.

EC2 permite establecer máquinas virtuales para diferentes sistemas operativos que se ejecutan dentro de la nube. Esto aumenta la capacidad de recursos informáticos de una empresa, especialmente para el big data y los desarrolladores. Los sistemas pueden probarse en varias plataformas sin tener que invertir en costosos equipos para ejecutar máquinas virtuales.

EC2 ayuda a sus clientes a superar las anteriores limitaciones de potencia de cálculo que pudieran tener. El hecho de que el entorno de AWS EC2 sea escalable y elástico significa que si un proyecto requiere más recursos de los que se asignaron en un principio, es rápido y fácil obtener más. No hay necesidad de la burocracia de las solicitudes de cambio o las solicitudes de adquisición; todo lo que se necesita es volver a escalar el recurso para satisfacer la demanda actual. Si esa demanda ya no es necesaria, es bastante sencillo reducirla y no pagar por recursos que ya no son necesarios.

El servidor EC2 es fácil de configurar, y el proceso ofrece una solución paso a paso para que el usuario final cree varias instancias. Cada instancia sería una plataforma operativa o un servicio que se ejecutaría en el servidor EC2 para la organización. En el panel de control de EC2, la instancia se puede crear eligiendo "Crear una instancia". Sólo se puede crear una instancia a la vez. Una vez creada la instancia para trabajar en ella, simplemente se "lanza" la instancia.

La instancia puede tardar unos minutos en activarse cuando se crea por primera vez, pero una vez que lo hace, puede cambiar a ella y empezar a utilizarla de inmediato.

Los usuarios tienen un límite de veinte instancias por región EC2. Esta es la cantidad por defecto que se establece para cualquier cuenta que se cree. Es posible tener más de veinte instancias ejecutándose en un servidor EC2 dentro de una región siempre que Amazon lo haya aprobado y haya hecho concesiones para ello.

Niveles gratuitos y precios de AWS

La pantalla de precios de AWS tiene mucha información útil. Todos los costes de alojamiento en la nube son completamente transparentes y se mantienen actualizados. Antes de seleccionar los servicios, es aconsejable ir a la pantalla de precios de AWS. Hay una sección en la que se explican los diferentes costes y precios de varias soluciones. También tiene una sección para ayudar a una organización a optimizar sus costes, así como una calculadora para ayudar a calcular varios costes.

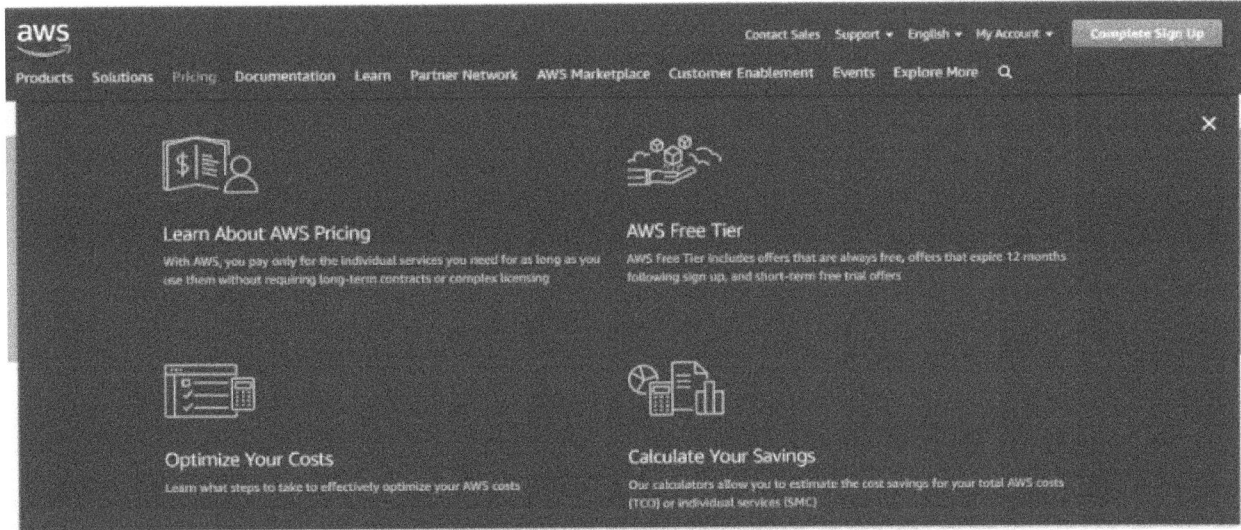

Nivel gratuito

Cuando se registra por primera vez en AWS, a menos que se especifique lo contrario, la cuenta se establece en la opción de la capa gratuita. La capa gratuita tiene muchos de los recursos y servicios disponibles, pero también tiene límites establecidos que si se superan se facturarán.

El nivel gratuito caduca al cabo de un año, pero si una organización necesita más servicios que los límites del nivel gratuito, estos servicios se cobrarán al cliente. Hay varios límites únicos establecidos en algunos de los servicios, y todos los demás servicios que se superan tienen una tarifa de pago por uso. Estos cargos de pago por uso serán los cargos que se explican en la información de precios de AWS.

Las pequeñas empresas, las grandes empresas, los estudiantes y las organizaciones pueden utilizar el nivel gratuito. Sin embargo, sólo se permitirá el uso de una cuenta de usuario en la capa gratuita por organización. Hay que tener en cuenta que todos los servicios de la capa gratuita que se utilicen por encima de los límites de la misma se cobrarán como una tarifa estándar a la organización. Este coste se añadirá a la factura total, que incluirá todas las cuentas de AWS asociadas a una organización.

AWS ofrece tres variaciones de su capa gratuita. La primera es una capa "siempre gratuita" que no tiene caducidad. La segunda variación es una prueba a corto plazo en la que los usuarios finales pueden probar diferentes servicios y soluciones. Y la tercera variación es la prueba gratuita por defecto de 12 meses que un usuario final obtiene al registrarse en AWS.

Precios

Cada servicio o solución puede tener su propio coste por uso, pero AWS tiene tres modelos de precios estándar.

El pago por uso es el modelo que permite más flexibilidad, ya que sólo se paga por el servicio o los recursos que se necesitan cuando se necesitan. Por ejemplo, un proyecto de gran envergadura puede requerir espacio de almacenamiento adicional mientras dure el proyecto. Esto se cobrará mientras se utilice el espacio extra. Cuando el proyecto haya terminado y el espacio ya no sea necesario, el cargo se reducirá en cuanto el espacio ya no se utilice.

Usar más y pagar menos es un modelo que puede ayudar a una organización a reducir los costes de varios servicios con un esquema de precios escalonado que proporciona costes unitarios más bajos cuando se usa más. Esto funciona de forma similar a las estructuras de precios de los contratos, en las que la compra de un contrato por dos años en lugar de uno le ahorra unos cuantos dólares al mes. Al optar por una mayor capacidad de almacenamiento con S3, se obtiene un esquema de precios escalonado en el que cuanto mayor sea la capacidad de almacenamiento, menos costará por unidad que una capacidad pequeña, aunque el coste total será mayor.

Computar

La nube de Amazon se conoce oficialmente como Amazon Web Services o abreviado como "Amazon AWS ". En Amazon AWS hay muchos tipos de servicios Hoy me gustaría presentarles el primer servicio que se llama Amazon Elastic Compute Cloud o simplemente EC2

El principio de funcionamiento de EC2 es crear un Servidor Virtual que permita a los usuarios elegir la cantidad de recursos que necesitan. Por ejemplo, podemos elegir el tamaño de la CPU, la memoria y el disco según sea necesario. En este punto, algunos de ustedes pueden estar familiarizados o acostumbrados a utilizar sistemas VMware que han compartido los recursos del servidor en VMs más pequeñas, que en el sistema de Amazon AWS utiliza el mismo método.

Sin embargo, el sistema Amazon EC 2 no tendrá ningún coste por el equipo del servidor y la licencia de software del sistema operativo, como la licencia de MS Windows Server. Por utilizar el sistema Amazon EC2, sólo pagaremos en función de la cantidad de recursos que utilicemos. ¿Has visto que crear un sistema informático en Amazon EC2 es interesante, cómodo y de bajo coste?

Amazon Elastic Compute Cloud (EC2)

El EC2 es un servicio en la nube que proporciona servidores virtuales (Amazon EC2 Instance), 2 tipos de almacenes de datos, así como un equilibrador de carga (Load Balancer).

Añadiendo un número infinito de discos con una cantidad casi infinita de almacenamiento, EBS (conocido como Elastic Block Storage) es uno de los tipos de almacenamiento en EC2. Su peculiaridad es que los discos creados con esta tecnología son independientes de los nodos VPS y se encuentran en servidores especiales de Almacenamiento, a diferencia de los almacenamientos de Instancia, que se encuentran directamente en los servidores de virtualización.

Con EBS, se pueden añadir unidades de cualquier tamaño a los servidores en funcionamiento.

Creación de un disco

Gestión de discos:

Las direcciones IP elásticas permiten cambiar rápidamente la dirección del servidor, por ejemplo, para evitar la propagación del DNS, el tiempo de actualización de una zona DNS en todo el mundo.

La creación de imágenes instantáneas (Snapshot) permite crear un molde del disco y utilizarlo como fuente para AMI (Amazon Machine Image), así como para una simple copia de seguridad del sistema operativo.

Tipos de servidores

Los servidores EC2 se pueden describir en la siguiente tabla:

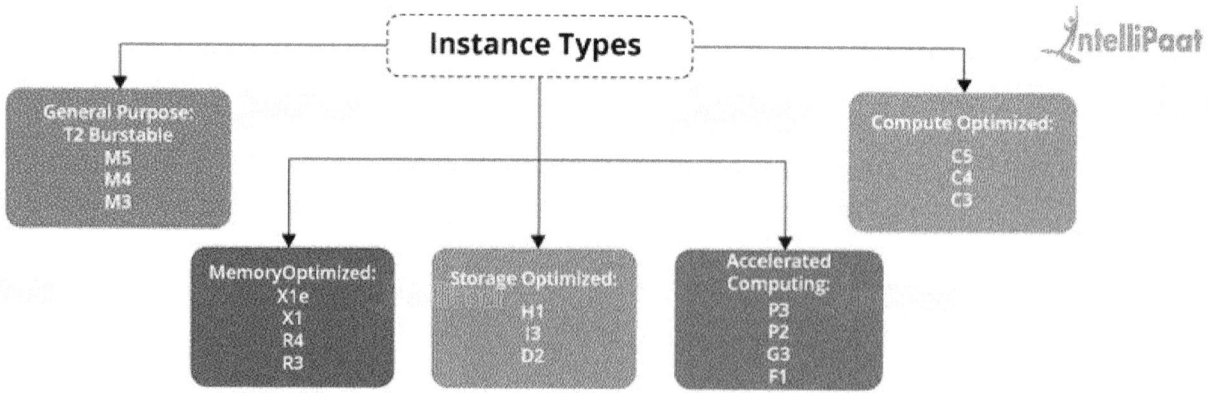

Unidad de cómputo EC2: unidad de medida del rendimiento del procesador, comparable con el rendimiento de los procesadores Opteron o Xeon de 1,0-1,2 GHz.

Facturación

EC2 se factura por horas; algunos subservicios como EBS tienen una facturación mensual. Para cada uno de los subservicios hay una facturación independiente a un precio predeterminado por hora o por mes.

Además, en las instancias de EC2 hay una llamada reserva (Reservation) - se paga inmediatamente 3-4 meses de funcionamiento del servidor, después de lo cual, la hora de funcionamiento del servidor es ~ 1,5 veces más barato. Las reservas son convenientes para utilizar si EC2 se utiliza de forma continua - el ahorro en la cara.

En esta ocasión, vamos a ver los aspectos más destacados del sistema Amazon EC2 que facilita a los usuarios

1. Puede crear una VM para utilizarla rápidamente en cuestión de minutos.

2. Los usuarios pueden elegir el tipo de sistema operativo que desean, ya sea Windows o Linux.

3. Puede elegir el tamaño del disco duro que desee. 4. Establece un sistema de seguridad que se puede personalizar fácilmente.

4. Puede ampliarse para realizar copias de seguridad o recuperar el sistema en caso de desastre de forma sencilla y a bajo coste.

Beneficios de Amazon EC2

1. No hay costes de hardware, lo que ahorra muchos costes de inversión.

2. Puede construir una VM, también conocida como Máquina Virtual, para ser utilizada dentro de forma rápida. Podemos elegir el tipo de sistema operativo (Windows, Linux) y el tamaño de los recursos que necesitan una variedad.

3. En caso de que el sistema esté creciendo o tenga más usuarios. Puede aumentar automáticamente el tamaño y los recursos de la VM para que sea mayor

La nube híbrida es otra solución que se utiliza en empresas u organizaciones que requieren mucha seguridad de los datos, como los bufetes de abogados que quieren mantener la información de los clientes de forma privada y segura. O se utiliza en el grupo empresarial financiero y sanitario que contiene información personal de muchos usuarios o clientes

El alojamiento híbrido está diseñado para los propietarios de sitios web o administradores de sistemas que desean el más alto nivel de seguridad de los datos y, al mismo tiempo, aprovechar las características del servicio en la nube, al que se puede acceder desde cualquier momento y en cualquier lugar, y la flexibilidad del sistema, que se puede ampliar según sea necesario

La Nube Híbrida no es una solución construida para todo el mundo, porque combina las ventajas de los servicios de la nube privada y pública para el beneficio de un mayor uso en respuesta a las aplicaciones que requieren seguridad. La alta seguridad de los datos funcionará con la tecnología de encriptación o cifrado de datos que ayuda a aumentar la seguridad de uso y acceso a los datos. Incluye características de portabilidad que pueden ser utilizadas con una variedad de sistemas operativos permitiendo una mayor flexibilidad en el uso

Componentes básicos

Este modelo de nube híbrida tiene tres tipos básicos de infraestructura: Nube Pública, Nube Privada, y Servicio de Nube / Plataforma de Gestión.

En cuanto a la Nube Pública y la Nube Privada, se considera un componente independiente que permite almacenar y proteger los datos en el sistema con servicios privados y al mismo tiempo poder aprovechar los recursos de la Nube Pública para su procesamiento con el fin de obtener el mejor rendimiento

Beneficios

Este servicio de nube híbrida tiene la capacidad de mantener la privacidad a la que se puede acceder a través de una infraestructura de privacidad. Este sistema no enviará información a través de la Internet pública. Pero aun así las características de los servicios en la nube que pueden aprovechar los recursos de la nube pública

El alojamiento híbrido le permite beneficiarse de la flexibilidad del sistema que se puede ampliar según las necesidades de uso. Y no necesita transferir todos los datos al centro de datos de terceros, recibirá soporte para trabajar con el sistema cuando se utilice dentro de la organización. Pero siempre que la carga de trabajo supere la capacidad que puede soportar el Sistema Privado, también es soportado por el Sistema Público, lo que ayuda a aumentar la seguridad y promover la estabilidad del sistema.

A pesar de tener muchas ventajas, una de las limitaciones de la Nube Híbrida es que su precio es bastante elevado y requiere una gestión del sistema bastante compleja Por lo tanto, es una solución que debe elegirse cuando sea absolutamente necesaria y la organización tenga suficiente presupuesto para soportar el coste del sistema.

Almacenamiento

Almacenamiento de AWS

Debería considerar la búsqueda de AWS Storage por varias razones:

- El almacenamiento es un problema cada vez más importante para la informática debido al reciente y espectacular aumento de la cantidad de datos que las empresas utilizan en su actividad diaria. Aunque los datos estructurados tradicionales (la base de datos) están creciendo con bastante rapidez, el uso de medios digitales (vídeo) por parte de las empresas se está disparando. Las empresas de TI utilizan cada vez más almacenamiento y a menudo recurren a proveedores de servicios de comunicaciones (CSP) como Amazon para que les proporcionen almacenamiento. El reciente aumento de Big Data, que se refiere al análisis de conjuntos de datos muy grandes, es otro factor de consumo de almacenamiento. Las empresas se están ahogando en los datos y muchas tienen dificultades para gestionar su propio sistema de almacenamiento in situ.

- El almacenamiento es la primera oferta de AWS de Amazon. Por lo tanto, el almacenamiento es una parte importante del ecosistema de AWS, que incluye usos muy innovadores de sus servicios de almacenamiento por parte de los clientes de AWS a lo largo de los años.
- Varias ofertas de AWS dependen del almacenamiento de AWS, incluido Simple Storage Service (S3). Entender los servicios de almacenamiento de AWS le ayuda a comprender mejor cómo las ofertas de AWS dependen del almacenamiento de AWS.
- AWS sigue innovando y ofreciendo nuevos servicios de almacenamiento. Glacier, por ejemplo, aporta una solución más a un problema informático histórico: los archivos de almacenamiento.
- Vamos a cubrir los cuatro servicios de almacenamiento de AWS:

- Servicio de almacenamiento simple (S3): Proporciona un almacenamiento de objetos altamente escalable en forma de colecciones de bits no estructuradas.
- Almacenamiento en bloque elástico (EBS): Proporciona volúmenes de datos altamente disponibles y fiables que pueden conectarse a una máquina virtual, extraerse y conectarse a otra máquina virtual.
- Glacier: una solución de almacenamiento de datos; proporciona un almacenamiento y recuperación de datos de archivos extremadamente robusto y económico
- DynamoDB: almacenamiento de valores clave; proporciona un almacenamiento altamente escalable y de alto rendimiento basado en tablas indexadas por valores de datos llamados claves
- Puede que te preguntes por qué Amazon ofrece cuatro servicios de almacenamiento AWS diferentes. Esta interesante cuestión, que está en el centro de la oferta única de computación en la nube de Amazon, pretende responder bien a la avalancha de datos.
- Escalabilidad: Los métodos tradicionales simplemente no pueden escalar lo suficiente para manejar la cantidad de datos que las empresas generan ahora. La cantidad de datos que las empresas necesitan gestionar supera la capacidad de casi cualquier solución de almacenamiento.
- Rápidos: No pueden mover los datos con la suficiente rapidez para satisfacer las demandas de las soluciones de almacenamiento de las empresas. Para ser sinceros, la mayoría de las redes empresariales no pueden soportar el nivel de tráfico necesario para saltar todas las piezas almacenadas por las empresas.
- El coste: Dado el volumen de datos procesados, las soluciones establecidas no son económicamente viables, no son accesibles al tamaño que las empresas necesitan ahora.

Por estas razones, el problema del almacenamiento se traslada al almacenamiento local (por ejemplo, el disco duro del servidor que utiliza los datos). En las dos últimas décadas, han entrado en el mercado otras dos formas de almacenamiento tradicional: el almacenamiento en red (NAS) y el almacenamiento en red (SAN), que arrastran el almacenamiento del servidor local a la red donde está instalado. Cuando el servidor solicita datos, en lugar de buscar un disco local, lo hace en la red.

Los dos tipos de almacenamiento en red son muy diferentes (a pesar de la similitud de sus siglas). El NAS, que funciona como una extensión del sistema de archivos local del servidor, se utiliza como un archivo local lee y escribe de la misma manera que si el archivo estuviera en el servidor. En otras palabras, el NAS da la impresión de que forma parte del servidor local. SAN funciona de forma muy diferente. Proporciona un almacenamiento remoto separado del servidor local; este almacenamiento no aparece como local en el servidor. En cambio, el servidor debe utilizar un protocolo especial para comunicarse con el dispositivo SAN. Se puede decir que el dispositivo SAN proporciona un almacenamiento separado que el servidor necesitará arreglos especiales para utilizar. Ambos tipos de almacenamiento siguen siendo muy utilizados, pero los volúmenes de datos mucho más grandes no permiten que el almacenamiento NAS o SAN soporte los requisitos. Por ello, han surgido nuevos tipos de almacenamiento con características mejoradas.

En concreto, ahora hay dos nuevos tipos de almacenamiento disponibles:

- Objetivo: Guarda y recupera de forma fiable objetos digitales no estructurados
- Valor clave: gestiona los datos estructurados

En los almacenes de objetos

El almacenamiento de objetos se utiliza para guardar objetos, que son esencialmente colecciones de bits digitales. Estas piezas pueden representar una foto digital, un escáner de resonancia magnética, un documento estructurado como un XML o un archivo de vídeo del vergonzoso intento de tu prima de hacer skate en las escaleras de la biblioteca pública (el que presentó en su boda). El almacenamiento de objetos proporciona un almacenamiento fiable (y altamente escalable) de colecciones de bits, pero no requiere ninguna estructura de bits. La estructura la selecciona el usuario, que debe saber, por ejemplo, si un objeto es una foto (que puede modificarse) o una resonancia magnética (que requiere una aplicación especial para verla). El usuario debe conocer tanto el formato como los métodos de manipulación del objeto. El servicio de almacenamiento de objetos simplemente proporciona un almacenamiento fiable de las piezas.

El almacenamiento de objetos es diferente del almacenamiento de archivos, que se puede conocer mejor en un ordenador. El almacenamiento de archivos ofrece una función de actualización, diferente a la del almacenamiento de objetos. Por ejemplo, supongamos que almacena el registro de un programa. El programa añade constantemente nuevas entradas de registro cuando se producen eventos. crea una nueva

Utilizarlo cada vez que se crea un registro de grabación adicional sería increíblemente molesto. En cambio, el uso del almacenamiento permite actualizar el archivo permanentemente añadiendo nueva información. En otras palabras, actualizar el archivo cuando el programa crea nuevos registros. El almacenamiento de objetos no ofrece la posibilidad de actualización. Puede insertar o recuperar un objeto, pero no puede modificarlo. En su lugar, actualice el objeto en la aplicación local e insértelo en el almacén de objetos. Para guardar la nueva versión con el mismo nombre que la anterior, borre el objeto original antes de insertar el nuevo objeto con el mismo nombre. La diferencia puede parecer menor, pero requiere enfoques diferentes para la gestión de los objetos consultados.

Almacenamiento de distribución de valores clave

El almacenamiento distribuido de clave-valor, a diferencia del almacenamiento de objetos, proporciona un almacenamiento estructurado que es algo similar a una base de datos, pero difiere significativamente al proporcionar escalabilidad y rendimiento adicionales. Ya puedes utilizar un sistema de gestión de bases de datos relacionales, un producto de almacenamiento comúnmente conocido como RDBMS. Sus líneas de datos tienen una o más claves (de ahí el nombre de almacenamiento clave-valor) que soportan la manipulación de los datos. Aunque los sistemas RDBMS son increíblemente útiles, generalmente se enfrentan a problemas de escala más allá de un único servidor.

Los nuevos productos de almacenamiento distribuido de valor clave están diseñados desde cero para soportar grandes cantidades de datos en múltiples servidores (quizás miles). Los sistemas de almacenamiento de valor clave suelen utilizar la redundancia en los recursos de hardware para evitar interrupciones; este concepto es importante cuando se utilizan miles de servidores porque pueden sufrir fallos de hardware. Sin redundancia, todo el sistema de almacenamiento puede ser cerrado por un solo servidor. El uso de la redundancia hace que el sistema de valores clave esté siempre disponible y, lo que es más importante, que sus datos estén siempre disponibles porque están protegidos de los fallos de hardware. Existen decenas de productos de almacenamiento de claves. Muchos de ellos han sido desarrollados por empresas líderes en la web, como Facebook y LinkedIn, para permitirles manejar una cantidad considerable de tráfico. Estas empresas han revisado y publicado los productos bajo licencias de código abierto. Ahora tú (o alguien más) puede utilizarlos en otros entornos.

Aunque los sistemas de almacenamiento de valores clave varían de diferentes maneras, tienen las siguientes características comunes:

Los datos se estructuran con una clave única que sirve para identificar el registro en el que residen todos los datos restantes. La clave es casi siempre única, como un nombre de usuario, un nombre de usuario único (por ejemplo, título_1795456) o un número de pieza. Esto asegura que cada disco tiene una clave única, lo que facilita la escala y el rendimiento.

La recuperación se limita al valor de la clave. Por ejemplo, para buscar todos los registros con una dirección común (donde la dirección no es la clave), hay que examinar cada registro.

No se admite la búsqueda de múltiples conjuntos de datos con elementos de datos comunes. Los sistemas RDBMS permiten combinaciones: para un nombre de usuario determinado en un conjunto de datos, buscar todos los registros en un segundo conjunto de datos con el nombre de usuario en registros individuales. Por ejemplo, para encontrar todos los libros recuperados por los usuarios de la biblioteca, una la tabla de usuarios (donde el nombre de usuario se utiliza para identificar su ID de la biblioteca) y la tabla de pagos (donde cada libro aparece con el nombre de usuario). el ID de la biblioteca de todos los que han revisado). Puede utilizar la función de combinación de un sistema RDBMS para

plantear esta pregunta; Por otro lado, dado que los sistemas clave-valor no soportan las combinaciones, las dos tablas deben asignarse al nivel de la aplicación y no a los sistemas de almacenamiento. Utilizando este concepto, comúnmente denominado "inteligencia basada en la aplicación", la ejecución de la unión requiere la "inteligencia" de la aplicación y muchas codificaciones adicionales.

El almacenamiento de valores clave representa un compromiso entre la usabilidad y la escalabilidad, y el intercambio es escalabilidad y menos usabilidad.

Esta proliferación de tipos de almacenamiento ofrece a los usuarios un conjunto mucho más rico de opciones para gestionar los datos asociados a sus aplicaciones. Aunque ganan mucha flexibilidad y pueden adaptar la solución de almacenamiento a los requisitos funcionales, también tienen un reto: se necesita un conjunto más amplio de conocimientos para gestionar más soluciones de almacenamiento. Además, el uso de una solución key-value requiere cientos o incluso miles de servidores. Afortunadamente, Amazon reconoce que todas estas soluciones de almacenamiento son importantes a pesar de los retos de gestión que conllevan y ofrece cuatro tipos de soluciones de almacenamiento. Un usuario puede elegir la que mejor se adapte a sus necesidades, sin tener que integrar en su aplicación una solución que no sea compatible con las características necesarias. La necesidad de flexibilidad en el almacenamiento explica que Amazon ofrezca cuatro tipos de almacenamiento. Es posible que no necesite los cuatro, muchos usuarios sólo manejan uno o dos. Es necesario entender todas las opciones que ofrece AWS, para poder elegir una nueva en lugar de confiar en la solución existente.

Fundamentos del almacenamiento S3

Los objetos S3 se tratan como objetos web, es decir, son accesibles a los protocolos de Internet mediante un identificador de URL.

Ahora, te preguntarás, ¿qué son los cubos y la llave, dados en el primer ejemplo? Un depósito en AWS es un grupo de objetos. El nombre del mismo está asociado a una cuenta. Por ejemplo, el depósito llamado aws4dummies está asociado a mi cuenta aws4dummies. El nombre del compartimento no debe ser el mismo que el nombre de la cuenta; puede ser cualquier cosa. Sin embargo, el nombre del compartimento es completamente plano: cada nombre de compartimento debe ser único entre todos los usuarios de AWS. Si intentas crear un nombre de compartimento de prueba en tu cuenta, recibirás un mensaje de error porque puedes apostar que tus últimas ganancias han sido alcanzadas. (Para su información, una cuenta está limitada a 100 compartimentos).

Una clave en AWS es el nombre de un objeto y sirve como identificador para localizar los datos asociados a la clave. En AWS, una clave puede ser un nombre de objeto o una disposición más compleja que requiere una estructura para organizar los objetos en un cubo (como en el cubo / fotos / catphotos / Cat + Photo) JPG, donde / fotos / catphotos es parte del nombre del objeto). Esta disposición conveniente proporciona un tipo de directorio familiar o formato de URL para los nombres de los objetos; Sin embargo, no representa la verdadera estructura del sistema de almacenamiento S3. Es simplemente un método conveniente y memorable para llamar a los objetos, que permite a los usuarios rastrearlos fácilmente. Aunque muchas herramientas presentan el almacenamiento de S3 como si estuvieran en una organización de mapeo familiar (incluida la consola de administración de AWS), no significan cómo se almacenan los objetos en S3.

Gestión de objetos S3

Un objeto S3 no es una criatura compleja, es sólo una colección de bytes. El servicio no impone restricciones sobre el formato del objeto, depende de ti. La única limitación se refiere al tamaño del objeto: un objeto S3 está limitado a 5 TB (esto es genial).

Base de datos de AWS

Amazonía Aurora

La solución Amazon Aurora es un motor de base de datos compatible con MySQL y PostgreSQL, y combina la velocidad y disponibilidad general de muchas bases de datos de gama alta con la simplicidad y economía de las soluciones de bases de datos de código abierto. La solución Aurora de Amazon puede funcionar hasta cinco veces mejor que MySQL, pero con la seguridad y fiabilidad de una base de datos comercial de gama alta, todo ello a una mera fracción del coste normal.

Beneficios

Alto rendimiento - Amazon Aurora puede tener hasta cinco veces el rendimiento de una base de datos MySQL estándar, y hasta dos veces el rendimiento de PostgreSQL que se ejecuta en un hardware comparable, estándares de rendimiento que generalmente son igualados por las bases de datos comerciales de gama alta, pero Aurora proporciona esto a sólo el 10% del coste de la solución de base de datos comercial. La mayor instancia de Aurora puede ejecutar hasta quinientas mil lecturas y cien mil escrituras por segundo, y las operaciones de lectura pueden ampliarse aún más si el cliente lo desea, utilizando réplicas que tienen una latencia de sólo diez milisegundos.

Seguridad - La solución Aurora puede proporcionar al cliente múltiples niveles de seguridad según sus necesidades. Entre las herramientas disponibles están la nube privada virtual de Amazon, el cifrado en reposo a través del servicio de gestión de claves de los servicios web de Amazon, y el cifrado de datos cuando están en tránsito utilizando el SSL. Cuando los datos están contenidos en una instancia de Aurora, los datos en el almacenamiento están cifrados, así como todas las copias de seguridad, réplicas e instantáneas de dichos datos.

Compatibilidad con MySQL y PostgreSQL - El motor de base de datos de Aurora es totalmente compatible con la base de datos MySQL 5.6 que utiliza la solución de almacenamiento InnoDB, lo que significa que cualquier herramienta como códigos, controladores, aplicaciones que ya se están utilizando en las bases de datos MySQL existentes pueden ser migradas a Aurora con poca o ninguna modificación. Esto también permite la migración de bases de datos completas utilizando los métodos estándar de importación y exportación, o a través de la replicación del binlog de la base de datos MySQL.

Escalable - La base de datos Aurora puede escalarse desde una instancia que ejecute 2 CPUs virtuales y 4 gigabytes de memoria hasta una que ejecute 32 CPUs virtuales y 244 gigabytes de memoria. Si se necesita un mayor escalado, se pueden añadir hasta quince réplicas de lectura de baja latencia, distribuidas en tres zonas de disponibilidad. Además, el almacenamiento también es escalable, ya que la solución de base de datos Aurora puede pasar de 10 gigabytes a 64 terabytes de almacenamiento, según sea necesario.

Disponibilidad y durabilidad - La solución Aurora ofrece una garantía de disponibilidad del 99,99%. La recuperación de cualquier fallo físico es transparente, y la conmutación por error de las instancias requiere menos de treinta segundos. El almacenamiento utilizado por Aurora es tolerante a los fallos y se autocura, y se replica seis veces a través de múltiples zonas de disponibilidad, y también se hace constantemente una copia de seguridad redundante en la solución S3 de Amazon.

Totalmente gestionada: la base de datos de Aurora está totalmente gestionada por el servicio, lo que significa que el cliente ya no tiene que preocuparse de las tareas de gestión mundanas, como las provisiones de hardware, los parches de software, la supervisión o las copias de seguridad, ya que todas estas tareas se realizan automáticamente para el cliente. Además, la base de datos tiene una copia de seguridad automática en la solución de almacenamiento S3.

Amazon RDS

El Servicio de Base de Datos Relacional, o el RDS, es un servicio proporcionado por Amazon que hace que sea fácil y conveniente para los clientes poder crear y escalar una base de datos de tipo relacional en la Nube de Servicios Web de Amazon, proporcionando una capacidad económica y redimensionable mientras gestiona automáticamente las tareas mundanas de administración de la base de datos, lo que permite a los clientes centrarse en otras cosas y ahorrar tiempo y energía. El RDS ofrece seis opciones en cuanto a motores de bases de datos, desde la propia base de datos Aurora de Amazon, hasta MariaDB, Oracle, SQL Server, MySQL y PostgreSQL.

Beneficios

Rápido y cómodo - La solución RDS facilita mucho el paso de un cliente desde la concepción de su proyecto hasta el despliegue completo. El cliente tiene la opción de utilizar la consola de administración de Amazon Web Services, la CLI de RDS o incluso las llamadas a la API para poder acceder a la base de datos relacional en pocos minutos, sin necesidad de un tedioso aprovisionamiento de la infraestructura ni de descargar, instalar y mantener el software de la base de datos.

Escalable - La solución RDS permite al usuario escalar los recursos computacionales y de almacenamiento necesarios mediante unos pocos clics del ratón o una simple llamada a la API, necesitando poco o ningún tiempo de inactividad. De hecho, muchos tipos de motores RDS permiten al cliente ejecutar múltiples réplicas de lectura para descargar el tráfico de la instancia principal de su base de datos, haciendo que se escale a más demandas de acceso a datos.

Disponible y duradera - La solución RDS se ejecuta en la infraestructura de Amazon, que es altamente fiable y ofrece una garantía de disponibilidad del 99,99%. Si el usuario necesita aprovisionar una instancia de base de datos de varias zonas de disponibilidad, la solución RDS replica inmediatamente los datos de forma sincronizada a una instancia en espera en otra zona de disponibilidad para garantizar la redundancia de los datos.

Además, las características estándar como las copias de seguridad automáticas, las instantáneas y la sustitución de hosts están incluidas en Amazon RDS.

Seguridad - Amazon RDS facilita al cliente el control de quién tiene acceso a su base de datos. El RDS permite al cliente aislar cualquier instancia de base de datos que tenga ejecutándola dentro de la nube privada virtual, y el RDS también permite al cliente conectar cualquier infraestructura existente que tenga a la solución RDS a través de una red privada virtual. Además, los motores RDS también ofrecen encriptación de datos en reposo y en tránsito.

Barato - Gracias a la escala de los servicios de Amazon, el cliente paga una tarifa relativamente baja por la capacidad de computación que realmente utiliza. Existen múltiples opciones de compra a disposición del cliente, y a continuación se exponen algunos ejemplos de opciones de pago:

Instancias bajo demanda - Esta opción permite al cliente pagar por la capacidad por horas, lo cual es útil si el cliente aún no quiere establecer un acuerdo a largo plazo. Esta configuración permite al cliente escalar su capacidad en función de las necesidades de su programa, y sólo pagará por las instancias que realmente utilice. Esta configuración es beneficiosa para el cliente que desea evitar tener que planificar los costes de mantenimiento del hardware.

Instancias reservadas - Las instancias reservadas pueden proporcionar al cliente un gran descuento en comparación con los precios de las instancias bajo demanda, hasta un setenta - cinco por ciento de descuento, pero esto requeriría que el cliente planificara y reservara las instancias que va a utilizar por adelantado, reduciendo su posible flexibilidad.

Amazon DynamoDB

El servicio DynamoDB de Amazon es un servicio de base de datos rápido y muy flexible que se ejecuta en NoSQL, diseñado para todas las aplicaciones que necesitan una latencia de EM de un solo dígito, independientemente de la escala. Esta base de datos está totalmente gestionada y admite modelos de datos de documentos, así como modelos de clave-valor. Los índices de rendimiento de DynamoDB, así como el modelo de datos flexible, la convierten en una solución de base de datos muy recomendable para aplicaciones de juegos, móviles y web, así como para aplicaciones del Internet de las cosas.

Beneficios

Desempeño rápido y consistente - La solución Amazon DynamoDB se creó especialmente para ofrecer un desempeño rápido y consistente a cualquier escala para todas y cada una de las aplicaciones. Las latencias medias del lado del servicio suelen ser de un solo dígito de ms. A medida que los volúmenes de datos crecen y las demandas de desempeño de los programas comienzan a aumentar, la solución DynamoDB hace uso del particionamiento automático y de la tecnología SSD para satisfacer los requisitos de rendimiento y ofrecer bajas latencias sin importar la escala.

Alta escalabilidad - Cuando el cliente crea una tabla, todo lo que tiene que hacer es designar la cantidad de capacidad de solicitud que necesitará. Si los requisitos del cliente cambian, simplemente pueden modificar su capacidad de solicitud haciendo uso de la consola de gestión o de la API de dynamoDB, lo que permite que el servicio gestione todas las necesidades de escalado, al tiempo que garantiza que los niveles de rendimiento se mantengan incluso durante el proceso de escalado.

Totalmente gestionada - La base de datos DynamoDB es un servicio de base de datos totalmente gestionado, lo que significa que el cliente solo tiene que crear una tabla y establecer su rendimiento deseado, y el servicio se encargará de todas las demás tareas. Esto libera al cliente de tener que preocuparse de tareas mundanas como el aprovisionamiento de hardware, los parches de software, la instalación y configuración de servidores o el mantenimiento y la partición de la base de datos y sus instancias de datos.

Programación dirigida por eventos - El servicio DynamoDB tiene un alto nivel de integración con el servicio Lambda de Amazon Web Services, lo que le permite proporcionar "disparadores" que permiten al cliente gestionar aplicaciones que reaccionan a los cambios en los datos.

Acceso de grano fino - El servicio DynamoDB también se integra con la gestión de Identidad y Acceso de Amazon para permitir un alto grado de control para el acceso por parte del cliente, permitiendo que el cliente asigne credenciales únicas a cada usuario, designando a qué puede acceder exactamente cada usuario.

Flexibilidad - El servicio Amazon DynamoDB soporta modelos de datos de valor clave así como estructuras de datos de documentos, lo que permite al cliente un alto grado de flexibilidad para diseñar la mejor arquitectura para sus necesidades.

Redes y entrega de contenidos

En el esquema de AWS, la red es algo importante. Sin ella, no habría envío ni recepción de tráfico de red de ninguna de las instancias de AWS.

Sin embargo, en el ámbito de las redes, como en todas las demás partes del diseño de AWS, Amazon ha creado una solución claramente ingeniosa, pero igualmente diferente de las soluciones tradicionales con las que la mayoría de la gente está familiarizada. Y por las mismas razones, abrió camino en otras facetas de su diseño: aumentando el tamaño y promoviendo la automatización, AWS tomó el camino menos transitado.

Lo hacemos a través de una red, ya que las máquinas hablan entre sí. Esta actividad de conversación tiene lugar en una red TCP / IP con el fin de que la informática se realice en todo el mundo. El estándar de la red TCP/IP utiliza el concepto de capas para ilustrar cómo se produce la comunicación.

En este modelo, las capas están numeradas como 1, 2 y 3:

1. La capa física (capa 1): está asociada a los cables que se encuentran en su oficina, o a la forma en que su punto de acceso inalámbrico habla con la tarjeta inalámbrica de su ordenador.

2. La capa de enlace de datos (capa 2): controla el flujo de datos entre las entidades de la red (hosts, nombres de dominio, subred, lo que sea) que residen en la misma red; esta red de área local (LAN) está dedicada a una sola organización.

Normalmente, estas organizaciones tienen una tarjeta de interfaz de red (NIC), cada una de las cuales tiene un identificador único: su dirección de control de acceso al medio (MAC). La capa 2 establece cómo dos entidades que tienen direcciones MAC pueden enviar datos entre sí.

3. La capa de red (capa 3): controla el flujo de datos entre las entidades de la red que residen en diferentes redes. (Hay que tener en cuenta que estos datos se envían a través de NIC, una cómoda pieza de hardware que se almacena en un servidor). Los usuarios se comunican a través de varias LAN en esta red de área amplia (WAN) y no pueden contar con estar conectados en la misma capa física local. La capa 3 suele funcionar utilizando el Protocolo de Internet (IP) para comunicarse mediante un esquema de direccionamiento lógico (lo que se denomina, lógicamente, direcciones IP). Las direcciones IP suelen tener cuatro dígitos -por ejemplo, 10.1.2.3- con conjuntos de datos de ocho bits que representan cada dígito.

LANs digitales

Manteniendo la privacidad de los datos en un entorno de red virtual (y no hay que olvidar que esto es precisamente lo que proporciona un servicio de computación en nube en su núcleo), ¿cómo se puede garantizar a un usuario que sus datos no están disponibles para otro? Obviamente, una forma es crear redes físicas separadas y permitir que cada cuenta de usuario tenga su propia red de área local, pero eso sería una pesadilla logística (y extremadamente cara). Además, este método requeriría que cada usuario tuviera su propio router para comunicar todo su tráfico de capa 3 a otros usuarios externos.

Los routers se han actualizado para proporcionar a usuarios específicos LANs virtuales (VLANs) que esencialmente acordonan secciones de redes compartidas más grandes. Dentro de esa VLAN, el tráfico fluye a través de la Capa 2; cualquier tráfico fluye a través de la Capa 3 hacia otras partes de la red compartida, o hacia fuera a través de Internet.

La mayoría de las empresas de alojamiento utilizan la tecnología VLAN para asignar a cada cliente una VLAN de modo que sus ordenadores estén separados de los de otros clientes.

Esta estrategia, que proporciona a los clientes una solución de red segura, les dice que su tráfico de red es inmune a la interceptación.

En general, durante la configuración de la cuenta, la mayoría de las empresas de alojamiento hacen todo el trabajo relacionado con la asignación y configuración manual de las VLAN. Un administrador de red accede al router del proveedor y configura la VLAN del nuevo cliente. A continuación, los ordenadores del cliente se colocan en la VLAN recién configurada, y el tráfico de red fluye por ella hacia ellos.

A medida que las empresas de alojamiento se han ido adentrando en la computación en nube, esta práctica de crear una VLAN para cada nuevo cliente ha continuado de forma casi universal, con nuevas máquinas virtuales asignadas al espacio de direcciones de la VLAN. Dependiendo de la infraestructura de la nube del proveedor, esta VLAN puede configurarse manual o automáticamente. El uso continuado de las VLAN en estos entornos tiene sentido, especialmente porque muchos proveedores ofrecen tanto alojamiento como computación en la nube desde la misma instalación; el uso de un enfoque de VLAN consistente permite compartir recursos y simplificar la infraestructura.

Esta utilización de las VLAN por parte de la computación en nube tiene algunos inconvenientes:

1. Un retraso en la configuración de la cuenta: Los servicios de computación en nube que tienen que construir y configurar manualmente las VLANs suponen un retraso en la configuración de la cuenta inicial. Algunos clientes consideran que esta pausa es un inconveniente; otros consideran que utilizar ese proveedor de computación en nube es un obstáculo.

2. Una restricción en el número de VLANs que un router puede gestionar: Aunque esta limitación puede superarse mediante el uso de múltiples routers, añade dificultad a la red del proveedor.

3. Un límite en el número de ordenadores que se pueden conectar a una VLAN específica: Aunque muchos clientes no se ven afectados, este límite es un problema inaceptable para las aplicaciones a escala web que pueden requerir cientos (si no miles) de ordenadores.

La alternativa de Amazon a las VLAN Dado que Amazon quiere evitar las limitaciones de escalado de la tecnología VLAN en su servicio en la nube, el enfoque VLAN es obviamente inaceptable, por estas razones:

1. Limitar el número de VLANs limitaría el número de clientes que Amazon podría soportar con su servicio AWS. Cuando Amazon esbozó por primera vez sus planes para AWS, se esperaba que cientos de miles de clientes diferentes utilizaran AWS con el tiempo, por lo que esta limitación era demasiado restrictiva.

2. La limitación del número de ordenadores de un cliente dentro de una misma VLAN limitaría el número de instancias que podrían utilizarse en sus aplicaciones. Ama abarcaba cientos, si no miles, de casos, por lo que también quería que sus clientes. Una solución que restringe el número de ordenadores que utiliza cada cliente es claramente inaceptable.

En consecuencia, Amazon construyó la red de forma muy diferente a los métodos tradicionales, y con estas características, la propia Amazon tenía experiencia con su colección de aplicaciones implementando un diseño de red: 3. Utilización de la tecnología de capa 3 en toda la infraestructura: todo el tráfico se basa directamente en la dirección IP, sin depender del direccionamiento MAC de la capa 2.

4. Las especificaciones de que se asigne una dirección IP y todo el tráfico a esa instancia deben ser dirigidas por la dirección IP: esto es válido si el tráfico se origina dentro de AWS o externamente - sin excepciones.

5. No se utiliza ni admite la tecnología VLAN: Amazon tiene uno o más rangos de direcciones IP dentro de cada área, y las direcciones IP se asignan aleatoriamente a las instancias de los clientes dentro de esos rangos de direcciones. Un corolario de esta estrategia es que todas las direcciones IP de AWS pertenecen a Amazon, no al cliente. Así, si un cliente decide trasladar su sitio web desde su propio centro de datos a AWS, tendrá una nueva dirección IP en el sitio web.

AWS Direct Connect

El hecho de que todo el tráfico de red entre los recursos de AWS y los que no lo son viaje por la Internet pública plantea un problema importante: aunque la conectividad a Internet la ofrecen proveedores de servicios muy grandes que han invertido mucho dinero en sus redes, los niveles de ancho de banda y latencia disponibles para los usuarios finales son muy variables y pueden ser inaceptables.

En el nacimiento de Internet, ya existían las semillas de este tipo de problemas. Por su propia naturaleza, Internet es una red compartida, en la que millones de paquetes de ordenadores se entremezclan al ser enviados por la red. Los paquetes de tu máquina se mezclan con los de todas las demás. La ventaja es que una red compartida es mucho más sencilla (digamos "hola" al correo electrónico y a Facebook); el inconveniente es que la eficacia y el rendimiento de una red compartida son mucho menores.

Para ti y para mí no es un gran problema. Si un vídeo de Netflix funciona con lentitud, no es un problema grave, y muchas de las cosas que hacemos no se ven muy afectadas por los problemas de la red. El correo electrónico, por ejemplo, suele funcionar igual, aunque el rendimiento de la red varíe hasta un 1.000%.

Sin embargo, la inconsistencia del rendimiento de la red puede ser un gran problema para las empresas.

De acuerdo, cuando no puedes ver un vídeo, sigues con tu trabajo y haces otra cosa. Sin embargo, si un empleado no puede ver un vídeo de seguridad, puede afectar a su capacidad de trabajo, y pagar a alguien que no puede trabajar es un gran problema.

Desde el punto de vista de muchas empresas, puede surgir otro problema: El tráfico de Internet fluye por una red compartida y puede requerir el acceso no autorizado a los datos de un cliente. El envío de tráfico a través de una red de acceso público es algo que no está permitido para ciertas empresas o ciertos tipos de datos.

Con Direct Connect, Amazon aborda el problema del tráfico que fluye a través de la Internet pública: permite a un usuario configurar un circuito privado entre su centro de datos y AWS para que el tráfico fluya a través de una conexión de red dedicada sin utilizar la Internet pública.

Las conexiones de red dedicadas de Direct Connect, como Equinox, pueden realizarse desde AWS hasta el propio centro de datos de una empresa o un transportista público. La empresa que solicita el enlace a la red Direct Connect puede tener sus servidores ubicados en el sitio del transportista público o disponer de una segunda conexión al centro de datos propio de la empresa desde el transportista público.

Una conexión de red dedicada aborda naturalmente la cuestión de la protección de los paquetes. Una empresa que utilice Direct Connect puede estar segura de que su tráfico en la red está libre de miradas indiscretas. Además, para garantizar aún más la seguridad de los datos, puede aplicar una red privada virtual (VPN) entre sus instancias de AWS y su propio centro de datos. (Describir las VPN y su funcionamiento está fuera del alcance de este libro, pero basta con decir que utilizan un software inteligente para cifrar los datos que viajan a través de redes inseguras, como la Internet pública). Amazon ofrece dos niveles de ancho de banda de Direct Connect: 1 Gbps y 10 Gbps.

Para la mayoría de las necesidades de conectividad, la primera debería ser suficiente; la segunda es suficiente para todos los casos, salvo los más exigentes de computación de alto rendimiento, y corresponde al nivel más alto de rendimiento dentro de la propia AWS.

Direct Connect cuenta con un acuerdo financiero similar al de AWS: sólo utilizas Direct Connect cuando lo necesitas, y sólo pagas por él cuando lo utilizas.

Para la variante de 1 Gbps, Direct Connect cuesta 0,30 dólares por hora, y para la variante de 10 Gbps 2,25 dólares por hora. No pagas por el tráfico de red entrante, como cabría esperar, y el tráfico saliente va de 0,03 a 0,11 dólares por gigabyte, según la región.

Redes de alto rendimiento de AWS

Una de las preocupaciones sobre las redes de AWS está relacionada con su rendimiento: en mi opinión, el uso de toda la infraestructura de AWS es el principal desafío. Amazon ofrece pocos detalles de su infraestructura, pero creo que la compañía tiene equipos de red de 1 Gbps en sus centros de datos, que podrían proporcionar un rendimiento técnicamente aceptable para la mayoría de las aplicaciones, con equipos de red de 10 Gbps utilizados para los servicios de AWS más exigentes, como las instancias de alto rendimiento. En otras palabras, estás compartiendo la red de AWS con algunos verdaderos cerdos en el ancho de banda, y la competencia de ancho de banda puede afectar definitivamente el rendimiento de tu aplicación.

La mayoría de los usuarios de AWS suelen ver un rendimiento de aproximadamente 100 Mbps durante su uso diario de AWS en el tráfico de red entre instancias. El problema es que, aunque esta media puede ser perfectamente aceptable para muchas aplicaciones, la carga variable de la red puede alterar ese rendimiento de forma significativa. Por supuesto, 100 Mbps pueden ser perfectamente aceptables para algunas aplicaciones; sin embargo, 10 Mbps pueden ser incluso demasiado bajos para ellas. El problema es que no puedes predecir de forma fiable el rendimiento de la red de tu aplicación.

Muchos usuarios de AWS se han quejado a gritos de la inconsistencia del rendimiento de la red de AWS y muchos competidores de AWS han criticado a la compañía, citando su propio diseño de red y su capacidad como superior a la de AWS y proporcionando así a los usuarios una razón para cambiar de servicio.

Sin duda, Amazon debería actualizar la infraestructura para proporcionar una capacidad de red mayor y más fiable. Sin embargo, uno de los inconvenientes es que impondría costes más elevados a todos los usuarios de AWS, incluida la masa de usuarios a los que no les preocupa el rendimiento típico de las redes de AWS.

En consecuencia, Amazon ha desarrollado una solución similar a la de AWS, en lugar de reconstruir la infraestructura de red desde cero: un conjunto adicional de ofertas para satisfacer las necesidades de las aplicaciones que requieren una red de alto rendimiento.

Herramientas de gestión

La gobernanza se asocia al nivel directivo de las decisiones, mientras que la gestión es el término que se ocupa del nivel ejecutivo y directivo de las decisiones dentro de la organización, que aquí significa AWS.

Amazon CloudWatch

Amazon CloudWatch es un tipo de servicio de observación y gestión desarrollado para los ingenieros de fiabilidad del sitio (SRE), los operadores del sistema y los desarrolladores y administradores de TI. CloudWatch le proporciona los datos y la información procesable para realizar un seguimiento de cada actividad de su aplicación, responder a los cambios en el sistema y comprenderlos, optimizar la utilización de los recursos, así como lograr una representación unificada de la salud operativa. CloudWatch captura la monitorización, los datos operativos en forma de métricas, registros y eventos.

Puede utilizar los recursos, servicios y aplicaciones de AWS que se ejecutan en los servidores de AWS y también en los locales. Además, puede utilizar CloudWatch para configurar las alarmas de alta resolución, visualizar los registros y las métricas, solucionar problemas, realizar acciones automatizadas, explorar varias perspectivas para optimizar las aplicaciones y asegurarse de que se ejecutan sin ninguna resolución. Echa un vistazo a continuación:

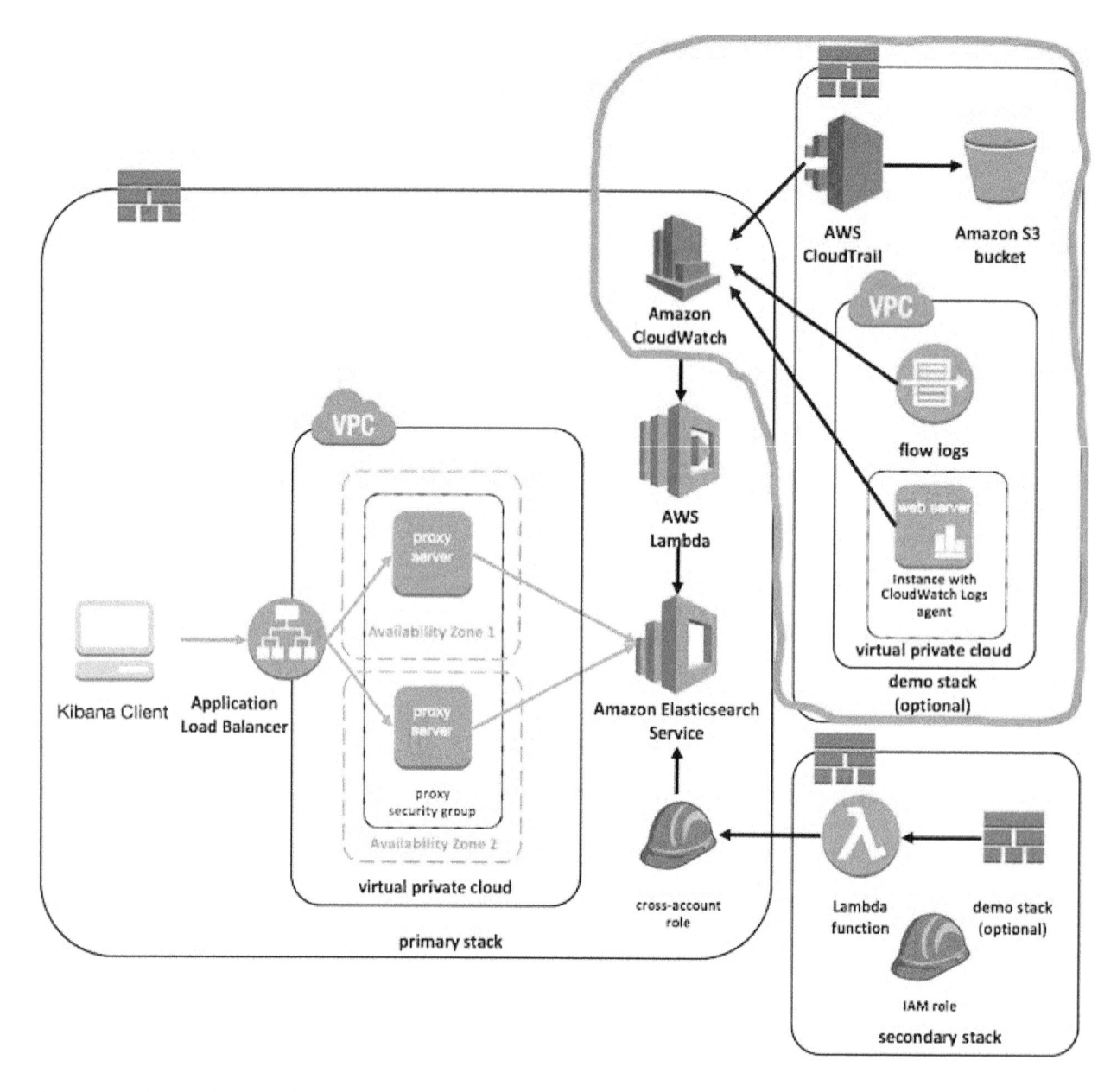

Autoescalado de AWS

AWS Auto Scaling controla las aplicaciones y ajusta automáticamente la potencia para mantener el rendimiento constante y predecible al menor costo posible. Con la ayuda de AWS Auto Scaling, es bastante sencillo configurar el escalado de aplicaciones para los numerosos recursos a través de los numerosos servicios en sólo unos minutos. Los servicios ofrecen una interfaz de usuario sencilla pero potente que le ayuda a desarrollar los planes de escalado para los recursos que cubren las instancias de Amazon EC2 y las flotas puntuales, las tareas de Amazon EC2, Amazon Aurora y los índices y tablas de Amazon DynamoDB. Amazon Auto Scaling puede facilitar el escalado con recomendaciones que le permiten optimizar el rendimiento y el costo y garantizar el equilibrio entre ellos, también si está haciendo uso de los cumplimientos y la seguridad.

Y como la empresa se migra a la AWS, que normalmente tienen un número muy grande de aplicaciones y los equipos distribuidos que a menudo necesitan para hacer numerosas cuentas para permitir que el equipo para trabajar de forma independiente, aunque todavía se deja es un nivel constante de cumplimiento y seguridad. Además, utilizan la gestión de AWS además de los servicios de seguridad como AWS Architecture. El Catálogo de Servicios de AWS y la Configuración de AWS proporcionan controles extremadamente granulares para sus cargas de trabajo. Quieren mantener este control. Sin embargo, tampoco quieren gobernar de forma centralizada y llegar a la mejor aplicación de los servicios de AWS a través de las cuentas de los entornos.

La torre central puede automatizar la configuración de las zonas de aterrizaje y configurar los servicios de seguridad y administración de AWS que se basan en las prácticas impresionantes establecidas dentro de un entorno de reclamación, multicuenta y seguro. El equipo distribuido puede aprovisionar nuevas cuentas con bastante rapidez mientras que los miembros del grupo central tienen la tranquilidad de que las nuevas cuentas se pueden crear de forma centralizada. Las políticas de cumplimiento de la empresa dan un control total sobre el entorno y sin ninguna forma de sacrificio en cuanto a la velocidad o la agilidad que AWS emite sobre el entorno, sin comprometer la agilidad o la velocidad que AWS puede emitir a su equipo destinado al desarrollo. Echa un vistazo a continuación:

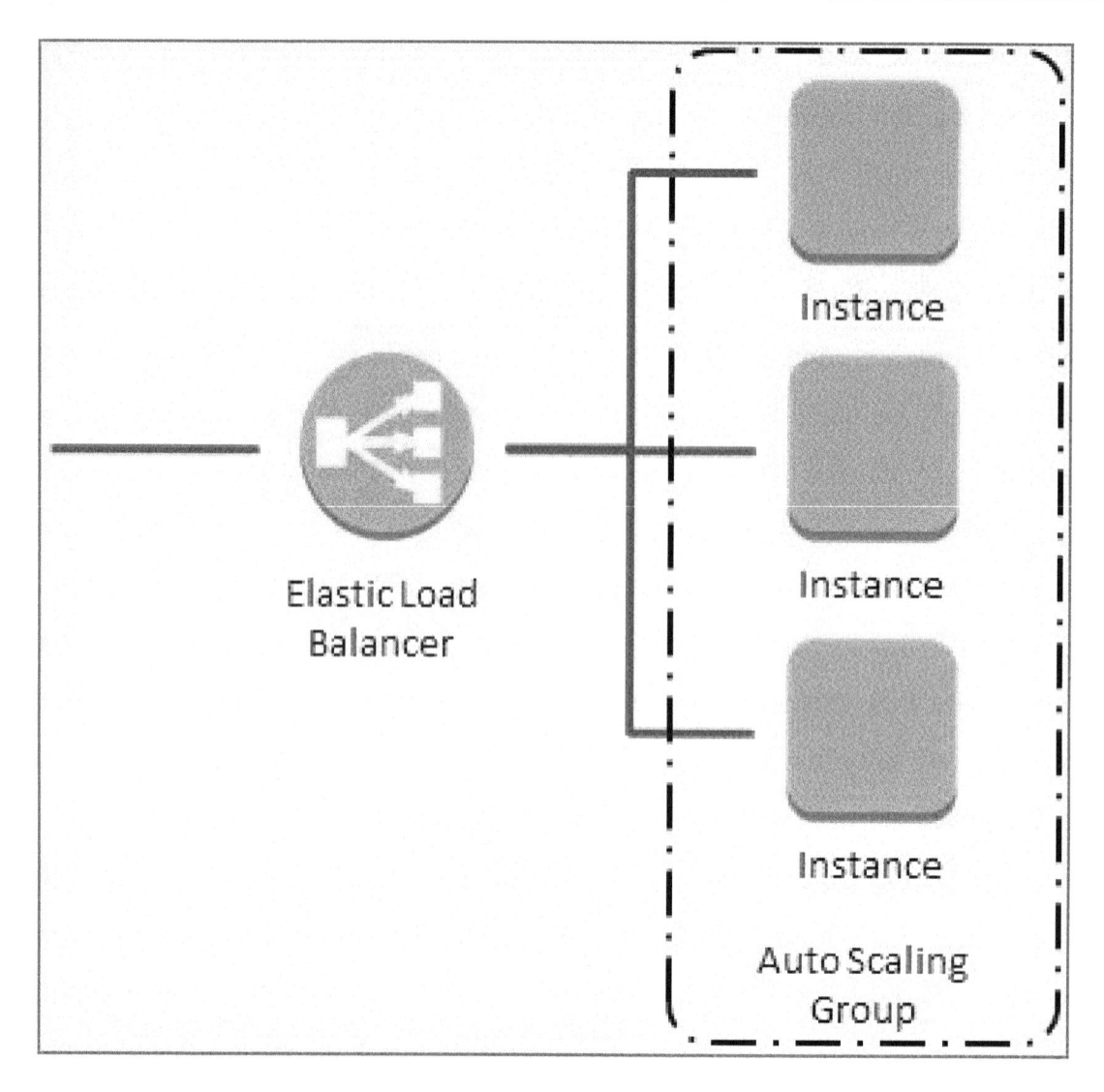

Administrador de sistemas de AWS

Esto puede proporcionar la visibilidad y el control de la infraestructura global que se establece en la AWS, el administrador del sistema puede unificar la interfaz de usuario y, por lo tanto, puede comprobar los datos operativos de varios y cualquier número de servicios y le permite en la automatización de las tareas operativas sobre los recursos de AWS. Puedes unirte a los recursos como los buckets de Amazon S3, las instancias de Amazon EC2 o las instancias de Amazon RDS, a través de la aplicación, tener un control sobre los datos operativos o la resolución de problemas o la monitorización, así como tomar la acción sobre la colección de los recursos. Facilita la gestión de las aplicaciones y los recursos, reduce el tiempo de detección y resolución de los problemas de funcionamiento y le permite operar y administrar la infraestructura con total seguridad, a cualquier escala.

AWS Systems Manager contiene las siguientes herramientas:

AWS CloudTrail

El AWS CloudTrail es un servicio web que archiva las llamadas a la API de AWS conectadas a su cuenta y le transmite los archivos de registro. La información registrada alberga la identidad de la persona que llama a la API y el período de la llamada a la API, la dirección IP de la fundación de la persona que llama a la API, los elementos de respuesta y el parámetro de solicitud que obtenemos a cambio de AWS Trail.

A través de AWS CloudTrail, puede encontrar el historial de las llamadas a la API de AWS que se realizan con la ayuda de la consola de administración de AWS, las herramientas de línea de comandos, los servicios de AWS de nivel superior como AWS CloudFormation. El historial de llamadas de la CLI de AWS es producido por CloudTrail que permite el examen de seguridad y la auditoría de conformidad o el seguimiento de la alteración de los recursos.

Configuración de AWS

AWS Config es un servicio totalmente supervisado que proporciona el inventario de recursos de AWS, el historial de configuración y la notificación de cambios de configuración para permitir la gobernanza y la seguridad, las reglas de configuración le permiten desarrollar las reglas que prueban automáticamente la configuración de los recursos de AWS que se están registrando con la ayuda de AWS Config,

Y con AWS Config, puede averiguar los recursos de AWS existentes que se han eliminado, lo que determina la conformidad general frente a las reglas, así como sumergirse en la configuración explicativa de los recursos en cualquier instancia del tiempo. Estas capacidades le ayudan a habilitar la auditoría de conformidad, el seguimiento de los cambios de recursos, el análisis de seguridad y la resolución de problemas.

AWS OpsWorks

El AWS OpsWorks es un servicio de supervisión de la configuración que atiende a las instancias gestionadas del Chef y el Puppet. Estos permiten la automatización de las plataformas que aprovecha para automatizar la configuración a través de la codificación, El OpsWorks le permite el uso de la Chef y Bucket automatizar la configuración del servidor, el despliegue, la supervisión sobre las instancias de Amazon EC2 o como en las instalaciones, atmósferas de computación. El OpsWork pasa a tener las tres ofertas como AWS OpsWorks para la automatización de chef, AWS OpsWorks pilas y el AWS OpsWork para las empresas de títeres.

Catálogo de servicios de AWS

El catálogo de servicios de AWS ayuda a la organización a crear y administrar los catálogos de los servicios de TI que se aprueban para la aplicación en AWS. Estos servicios de TI pueden abarcar casi todo, desde las imágenes de VM, el software, los servidores, las bases de datos hasta la arquitectura general de la aplicación de varios niveles. AWS permite una gobernanza coherente y puede satisfacer sus necesidades de conformidad, al tiempo que permite a sus usuarios implementar rápidamente los servicios de TI aprobados que necesitan,

AWS Trusted Advisor

El AWS Trusted Advisor es también un recurso en línea que le permite reducir los costos, mejorar el rendimiento y la seguridad para optimizar el entorno de AWS; el Trusted Advisor puede aprovechar la orientación en tiempo real para ayudarle a aprovisionar sus recursos mediante la mejor ética de AWS.

Tablero de salud personal de AWS

Mientras que el panel de salud del servicio muestra el estado general de los servicios de AWS, el panel de salud personal le permite personalizar la vista del rendimiento y la disponibilidad de los servicios de AWS que subyacen a su recurso de AWS. El tablero también muestra la información relacionada y la información basada en el tiempo para la restauración de las habilidades de gestión para la gestión de los eventos que están en curso y esto abastece a la notificación proactiva para ayudarle con el plan de las actividades programadas con el tablero de salud personal, las alertas son sin ninguna intervención humana desencadenada y los cambios realizados en la salud de los recursos de AWS puede dar la visual del evento, la orientación diagnosticar y también resolver los problemas.

Servicios gestionados de AWS

Esto le proporciona la gestión de la infraestructura de AWS para que pueda centrarse en la aplicación. A través de la implementación de la mejor ética para el mantenimiento de su infraestructura, los servicios gestionados de AWS pueden atender a la caída corta la sobrecarga operativa y el riesgo. Los servicios gestionados de AWS también automatizan las diversas actividades comunes como las solicitudes de cambio, la supervisión de la gestión de parches, los servicios de copia de seguridad, el control de la ayuda para hacer cumplir las políticas de infraestructura corporativa y de seguridad y le permite desarrollar las soluciones y las aplicaciones con la ayuda del enfoque de desarrollo preferido. Los servicios supervisados de AWS también mejoran la agilidad, le liberan de varias operaciones de infraestructura y reducen el coste, de manera que puede dirigir los recursos hacia la mejora de su negocio.

Aplicación móvil de la consola de AWS

La aplicación móvil de la consola de AWS permite a su cliente ver y administrar el conjunto selecto de recursos para respaldar las respuestas a incidentes mientras está en movimiento. La aplicación móvil de la consola permite a los consumidores de AWS monitorizar los recursos a través del panel de control dedicado, ver los detalles de la configuración, las alarmas para determinados servicios de AWS y las métricas. El tablero de control proporciona permiso a los usuarios con el estado de los recursos y los datos en tiempo real sobre Amazon CloudWatch, AWS Billing, gestión de costes, tablero de salud personal con una sola vista. Los clientes también pueden ver los problemas en curso, seguir a través de la correspondiente CloudWatch la pantalla de alarma para una visión detallada a través de gráficos y opciones de configuraciones. Además, puede comprobar el estado de sus servicios específicos de AWS, una vista de las pantallas de recursos con todos los detalles, al igual que las acciones seleccionadas.

Administrador de licencias de AWS

Esto facilita la tarea de gestionar las licencias en AWS y en los servidores locales de proveedores de software como SAP, IBM, Microsoft y Oracle. El Administrador de Licencias de AWS permite a los administradores desarrollar las reglas de licencia personalizadas que emulan los términos de los acuerdos de licencia y luego implementar estas reglas cuando se lanza una instancia de EC2. Los administradores pueden utilizar estos conjuntos de reglas para limitar las licencias para diferentes servidores a corto plazo. Las reglas en el AWS License Manager pueden permitirle poner un límite a las violaciones en la concesión de licencias como el uso de más de lo acordado y la reasignación de las licencias a varios servidores a corto plazo. Las reglas relacionadas con las licencias de AWS pueden ayudarle a limitar el incumplimiento de las licencias deteniendo físicamente el lanzamiento de la instancia o notificando a los administradores sobre la infracción, el administrador obtiene el control y la visibilidad de las licencias con la ayuda del tablero del Administrador de licencias de AWS, además de reducir la cantidad de riesgo de los informes erróneos, el incumplimiento, el coste adicional relacionado con los excesos de licencias,

El administrador de licencias se une a los servicios de AWS para facilitar la gestión de las licencias en las numerosas cuentas de AWS, el catálogo de TI y en las instalaciones, a través de las cuentas únicas de AWS. Los administradores de licencias también pueden añadir varias reglas en el Catálogo de Servicios de AWS, que le permite crear y gestionar los servicios de TI que se aprueban para las aplicaciones en todas las cuentas de AWS a través de las integraciones perfectas junto con el gestor del sistema de AWS y las Organizaciones de AWS, los administradores pueden gestionar las licencias en todas las cuentas de AWS en la organización y en la atmósfera de las instalaciones, Los compradores del mercado de AWS ahora pueden utilizar los Administradores de Licencias para el seguimiento del software BYOL que se obtiene del mercado y mantener la vista consolidada de cada una de las licencias,

Herramienta bien diseñada de AWS

Esto ayuda a revisar el estado actual de la carga de trabajo, compararlos con la última arquitectura de AWS prácticas más impresionantes, las bases de la herramienta en el marco de AWS Well Architected, que se desarrolla para ayudar a los arquitectos de la nube para desarrollar el más seguro, de alto rendimiento, resistente y bueno en la eficiencia de la infraestructura de aplicaciones. Este marco proporciona un enfoque coherente para los clientes y los socios para evaluar la arquitectura y se ha aplicado en cientos de cientos de revisiones de la carga de trabajo que se ha llevado a cabo por el equipo de arquitectura de AWS, sino que también abastece la orientación para ayudar en la aplicación de los diseños para escalar con los requisitos de la aplicación en el tiempo.

Seguridad, identidad y conformidad de AWS

Servicios de seguridad y cumplimiento de la normativa

AWS proporciona a varias organizaciones servicios de seguridad y conformidad para obtener servicios ininterrumpidos. Los servicios de seguridad y conformidad también pueden vincularse con otros servicios de AWS. El servicio de seguridad de la computación en la nube es un servicio de muy rápido crecimiento que funciona de forma similar al estilo tradicional de seguridad informática. Incluye la protección de toda la información crítica frente a la fuga, el borrado y el robo de datos.

Seguridad

La seguridad se considera el servicio de mayor prioridad de AWS. Como usuario de los servicios de AWS, se beneficiará de un centro de datos y de una arquitectura de red que ha sido construida para satisfacer todos los requisitos de las organizaciones más importantes, que son sensibles a la seguridad. Al utilizar la nube, es de suma importancia asegurarla desde todos los lados posibles. La seguridad en la nube es algo parecido a la seguridad de su centro de datos local. Es mucho más importante que el coste del hardware y las instalaciones de mantenimiento. No es necesario gestionar los dispositivos de almacenamiento o los servidores físicos en la nube. En lugar de hacerlo usted mismo, utiliza herramientas de seguridad basadas en software para proteger y supervisar el flujo global de información que entra y sale de los recursos de la nube.

Una de las características más interesantes y ventajosas de la nube de AWS es que permite a los usuarios escalar al mismo tiempo que innovan. Se puede hacer mientras se mantiene un entorno súper seguro, sin pagar por aquellos servicios que no se utilizan en absoluto. Esto significa que puedes disfrutar de una seguridad de primera calidad y además a un coste menor en comparación con la seguridad de tu entorno de centro de datos local. Al utilizar los servicios de AWS, debe heredar todas las prácticas relativas a las políticas, los procesos operativos y la arquitectura de AWS que se han creado para satisfacer los requisitos finales de los clientes más sensibles a la seguridad. Puede disfrutar de la agilidad junto con la flexibilidad con los servicios de seguridad de AWS para sus centros de datos.

AWS Cloud viene con un modelo de responsabilidad compartida. Mientras que la seguridad de la nube es gestionada por AWS, usted es el único responsable de la seguridad en la nube. En palabras sencillas, puedes mantener el control de la seguridad que elijas para proteger tu contenido, aplicaciones, plataforma, redes y sistemas de la misma manera que lo habrías hecho para un centro de datos on-premise. También recibirá la orientación y la competencia necesarias a través del personal, los recursos y los socios en línea. AWS pone a disposición de los usuarios diversos avisos sobre problemas actuales. También puede disfrutar de la oportunidad de trabajar junto con AWS siempre que se encuentre con cualquier tipo de problema de seguridad.

Con el fin de cumplir sus objetivos en materia de seguridad en la nube, también tiene acceso a diversas características y herramientas. AWS proporciona a los usuarios herramientas y características específicas de seguridad en la configuración de la red, el control de acceso, la gestión y el cifrado de datos. Los entornos de AWS se auditan a intervalos regulares con certificaciones de varios organismos de acreditación en todos los ámbitos verticales y geográficos. Puede aprovechar al máximo las herramientas automatizadas del entorno de AWS para la elaboración de informes de acceso y el inventario de activos.

Beneficios de la seguridad de AWS

La seguridad de AWS viene con varios beneficios que pueden hacer que su trabajo en la nube sea mucho más conveniente y seguro.

Ayuda a mantener todos sus datos seguros. La infraestructura de AWS pone en marcha fuertes salvaguardas para proteger la privacidad de los usuarios. Todos tus datos se almacenan en centros de datos súper seguros de AWS.

Puede cumplir los requisitos de conformidad con la seguridad de AWS. AWS es conocido por gestionar varios programas de conformidad dentro de su infraestructura. En palabras sencillas, los segmentos de su conformidad requerida ya se han completado.

Puede ahorrar mucho dinero con los servicios de seguridad de AWS. Puede reducir sus costos con la ayuda de los centros de datos de AWS. Puede mantener los más altos estándares de seguridad sin necesidad de gestionar sus instalaciones.

Puede escalar rápida y convenientemente con los servicios de seguridad de AWS. Los servicios de seguridad también escalan con el uso de su nube de AWS. Sea cual sea el tamaño de su negocio, la infraestructura de AWS ha sido diseñada para mantener todos sus datos seguros.

Seguridad de las infraestructuras

AWS proporciona a los usuarios diversas capacidades en materia de seguridad y servicios para mejorar el control y la privacidad del acceso a la red. Estos también incluyen:

Cifrado controlado por el cliente, que está en tránsito con todo el TLS a través de todos los servicios de AWS.

Los cortafuegos de red que se incorporan a la VPC de Amazon y las capacidades de cortafuegos de las aplicaciones web en AWS WAF le permiten crear varias redes privadas y también controlar el acceso a las aplicaciones e instancias.

Opciones de conectividad que permiten conexiones dedicadas o privadas desde su entorno local u oficina.

Cifrado automático de todo el tráfico de su aplicación en las redes regionales y globales de AWS entre las instalaciones seguras de AWS.

Cifrado de datos

Con el servicio de seguridad de AWS, puede obtener la facilidad de añadir una capa de seguridad adicional a todos los datos en reposo dentro de su nube junto con la provisión de cifrado eficiente y características escalables. Esto también incluye:

Opciones flexibles de gestión de claves junto con AWS KMS o servicio de gestión de claves. Este servicio le permitirá elegir si quiere que AWS gestione todas las claves de cifrado o si quiere tener un control total sobre las claves.

Capacidades de cifrado de datos disponibles en la base de datos y los servicios de almacenamiento de AWS como S3, EBS, Glacier, SQL RDS, Redshift y Oracle RDS.

Colas de mensajes encriptados necesarios para la transmisión de datos altamente sensibles utilizando SSE o encriptación del lado del servidor para SQS.

Almacenamiento dedicado de claves criptográficas basado en hardware utilizando CloudHSM que le permitirá satisfacer todas sus necesidades de cumplimiento.

Además, AWS también proporciona API para integrar la protección y el cifrado de datos con cualquier tipo de servicio que se implemente o desarrolle en el entorno de AWS.

Configuración e inventario

AWS pone a disposición de los usuarios una amplia gama de herramientas útiles que le permitirán un movimiento más rápido sin dejar de salvaguardar los recursos de su nube con las mejores prácticas y estándares organizativos. Este servicio incluye:

Diversas herramientas para el despliegue y para la gestión del desmantelamiento y la creación de los recursos de AWS según los estándares de las organizaciones.

Amazon Inspector, que es un servicio de evaluación de la seguridad de AWS que evalúa todas las aplicaciones automáticamente en busca de desviaciones o susceptibilidad de las mejores prácticas que también incluyen el sistema operativo, las redes impactadas y el almacenamiento conectado.

Herramientas para la gestión de la configuración y el inventario junto con AWS Config que identificarán los recursos de AWS y luego administrarán y rastrearán todos los cambios en todos esos recursos con el tiempo.

Herramientas para la gestión y definición de plantillas junto con AWS CloudFormation para crear entornos preconfigurados y estándar.

Registro y control

La seguridad de AWS le proporciona varias características y herramientas con las que puede tener una visualización completa de lo que está sucediendo en el entorno de AWS. Esto también incluye:

Opciones para la agregación de registros, la elaboración de informes de cumplimiento y la racionalización de las investigaciones.

Uso de AWS CloudTrail para tener una visibilidad profunda de las llamadas a la API que también incluye quién, cuándo, qué y desde dónde se hicieron todas las llamadas.

Notificaciones de alerta con la ayuda de Amazon CloudWatch cada vez que se superan los umbrales o se produce algún evento específico.

Todas estas herramientas le proporcionarán la visibilidad definitiva que necesita para detectar cualquier tipo de problema justo antes de que pueda afectar al funcionamiento de la empresa. También permite a los usuarios mejorar la postura de seguridad junto con la reducción del riesgo del entorno.

Control de acceso e identidad

Los servicios de seguridad de AWS le ofrecen todas las capacidades para definir, administrar y aplicar las políticas de acceso de los usuarios en todos los servicios de AWS. Esto también incluye:

AWS IAM o Identity and Access Management para definir la respectiva cuenta de usuario con los permisos adecuados en los recursos de AWS.

AWS Directory Service que permite federar e integrar con los distintos directorios corporativos para mejorar la experiencia del usuario final y reducir los gastos de administración.

AWS Multi-Factor Authentication para todas las cuentas privilegiadas junto con opciones para los autenticadores, que se basan en el hardware.

AWS ofrece a los clientes la integración nativa de la gestión de acceso e identidades en la mayoría de sus servicios, que también incluye la integración de la API con cualquiera de sus servicios o aplicaciones.

Pruebas de penetración

AWS prueba regularmente su propia infraestructura, cuyos resultados se pueden encontrar en los informes de conformidad. Los clientes de los servicios de seguridad de AWS que fácilmente realizar evaluaciones de seguridad y pruebas de penetración contra la infraestructura de AWS de su propio sin ningún tipo de aprobación previa para el número principal de los servicios.

Mitigación de DDoS

La disponibilidad es de importancia preeminente para la nube. Los clientes de AWS se benefician de los servicios de AWS y de las tecnologías, que han sido construidas para proporcionar flexibilidad durante el tiempo de los ataques DDoS. Con una combinación de los servicios de seguridad de AWS, es posible implementar una defensa bien construida con una estrategia en profundidad para contrarrestar los ataques DDoS. Los servicios, que han sido construidos para la ayuda de DDoS, ayudan a minimizar el tiempo total de mitigación y también reduce el impacto.

Conformidad con AWS

Con la ayuda de la conformidad de AWS, puede comprender fácilmente los diversos controles sólidos que existen en AWS para mantener la protección y la seguridad general de los datos en la nube de AWS. Como los sistemas o las aplicaciones se construyen sobre la infraestructura de la nube de AWS, las responsabilidades de la conformidad deben ser y serán compartidas. Al vincular las características de los servicios centrados en la auditoría y la gobernanza junto con la auditoría o las normas de conformidad aplicables, los habilitadores de la conformidad de AWS se basan en los programas tradicionales. Esto, a su vez, ayuda a todos los clientes a operar y establecerse en un entorno controlado por la seguridad de AWS.

La infraestructura de TI proporcionada por AWS a sus clientes se gestiona y diseña en consonancia con las mejores prácticas de seguridad junto con una variedad de estándares en seguridad de TI. Los siguientes son los programas de garantía parcial, que son satisfechos por AWS:

FISMA, FedRAMP y DIACAP

SOC 2, SOC 1/ISAE 3402 y SOC 3

ISO 9001, ISO 27017, ISO 27001 e ISO 27018

PCI DSS Nivel 1

AWS proporciona a sus clientes una amplia variedad de información sobre el entorno de control de TI en informes, libros blancos, acreditaciones, certificaciones y otros tipos de atestados de terceros.

Certificados y declaraciones

Las certificaciones de atestado y cumplimiento son determinadas por un auditor independiente, de tercera parte, que da lugar a un informe de auditoría, certificación o atestado de cumplimiento. Entre los auditores se encuentran:

C5

ASIP HDS

SRG del Departamento de Defensa

FIPS

ISO 9001

ISO 27017

ISO 27001

ISO 27018

TISAX

K-ISMS

PCI DSS Nivel 1

Privacidad y normativa

Los clientes de AWS siguen siendo responsables de adherirse a las normas y leyes de conformidad. En algunos casos, AWS también ofrece habilitadores, funcionalidades y acuerdos legales como AWS Business Associate Addendum para apoyar la conformidad de los clientes. No es posible ningún tipo de certificación formal para los proveedores de servicios en la nube dentro de estos ámbitos normativos y legales.

CCPA

Ley CLOUD

CISPE

FERPA

GLBA

HIPAA

GDPR

ITAR

VPAT / Sección 508

PIPEDA

PHIA

PDPA - 2010

Ley de Privacidad (Nueva Zelanda)

IRS 1075

Marcos y alineaciones

Los marcos y las alineaciones de conformidad incluyen requisitos de conformidad o de seguridad publicados para un propósito particular, como una función o industria concreta. AWS proporciona a los usuarios habilitadores y funcionalidad para este tipo de programas. Los requisitos bajo marcos y alineaciones particulares podrían no estar sujetos a atestación o certificación. Sin embargo, algunos de los marcos y alineaciones están cubiertos por otros programas de conformidad.

CJIS

CIS

CSA

FFIEC

Escudo de privacidad UE-EEUU

FISMA

ICREA

MPAA

NIST

MITA 3.0

Principios de seguridad en la nube del Reino Unido

G - Nube

Niveles del Uptime Institute

Integración de aplicaciones

Amazon SQS

SQS o Simple Queue Service está diseñado para gestionar servicios de colas de mensajes. Simple Queue Service es capaz de enviar mensajes a través de plataformas y múltiples servicios. Estos servicios que pueden tener mensajes enviados a ellos incluyen instancias de EC2, S3 y DynamoDB. Hace posible el movimiento de mensajes de una aplicación a otra, sin importar el estado del servicio (si está activo o inactivo). El servicio SQS tiene un tiempo de espera de visibilidad de hasta 12 horas. El servicio entrega información haciendo uso del servicio de cola de mensajes de Java.

Funciones escalonadas de Amazon Web Services

La herramienta de funciones por pasos permite a los usuarios disponer de un método cómodo para coordinar los distintos componentes de las aplicaciones y servicios mediante una representación visual del flujo de trabajo. Esta herramienta ayuda a coordinar los componentes y los pasos a través de las diversas funciones de la aplicación del cliente, creando una consola gráfica para que el usuario pueda organizar y visualizar los componentes separados como una multitud de pasos, facilitando la construcción y ejecución de aplicaciones más complejas. Además, el servicio de funciones por pasos realiza un seguimiento automático de cada paso a medida que se activa, reintentando automáticamente cuando se producen errores, lo que permite que la aplicación se ejecute en orden. El servicio registra cada paso, lo que facilita el diagnóstico y la depuración, y los pasos pueden modificarse, añadirse o eliminarse sin necesidad de codificación adicional.

Servicio de Notificación Simple o SNS

El SNS es un gran servicio con el que se puede trabajar cuando se trata del sistema AWS. Este va a ser un servicio que es capaz de enviar notificaciones sobre un evento a través de un mecanismo conveniente como una forma de alertar a una persona o un programa que algo de interés acaba de suceder. Sin embargo, la simplicidad de esta descripción nos va a mostrar el poder de las notificaciones. Piensa en el administrador de un sistema que va a necesitar asegurarse de que cualquier aplicación en AWS está funcionando de la manera adecuada. Si hay algo que ya no funciona, esta persona necesita saberlo de inmediato.

Una forma de hacer que el administrador se entere de los problemas de una aplicación sería que estuviera siempre conectado a AWS y que comprobara el estado de la aplicación todo el tiempo. Por supuesto, esto no es realmente práctico, y nadie quiere pasar ese tiempo con la aplicación. Por lo tanto, podemos trabajar con otra opción que nos permitirá definir una o más condiciones que el administrador tiene que conocer y luego crear un mecanismo que va a responder a estas condiciones.

Cuando la máquina hace lo que se supone que debe hacer, va a buscar una de estas condiciones, como un error que aparece en una lectura de la base de datos. Si se encuentra, los mecanismos van a enviar una notificación a una o más personas para que puedan determinar si vale la pena su tiempo para tomar alguna acción.

Estas notificaciones pueden ser enviadas a través de un montón de diferentes métodos basados en lo que funciona para usted. Y en algunos casos, no tenemos que enviar estas notificaciones a un humano porque somos capaces de enviarlas a un programa que es capaz de manejar este asunto y ocuparse del mensaje como es necesario.

Las notificaciones van a ser una idea realmente sencilla de trabajar, pero son poderosas. A muchos administradores de sistemas les gusta trabajar con ellas y les gusta lo sencillo que es estar al tanto del sistema sin tener que mirarlo todo el tiempo. Esto es lo que SNS va a ser capaz de ayudarnos en el camino.

Estos son sólo algunos de los servicios que vamos a poder disfrutar cuando se trata de trabajar con los servicios de AWS para nuestras necesidades. Amazon realmente ha creado un gran producto que nos permite tener cierta libertad en el trabajo que estamos haciendo y se asegurará de que somos capaces de llegar y hacer nuestro negocio lo más fuerte posible.

Puede que haya otros servicios similares con los que podamos trabajar, pero ninguno nos va a proporcionar tantos servicios en un solo lugar, y ninguno nos va a asegurar que estemos configurados y listos para funcionar por un precio asequible. Esas otras opciones no son capaces de enfrentarse a la opción de Amazon, y puedes utilizar AWS, incluso si no necesitas todos los servicios, y ver algunas de las cosas increíbles que son posibles con Amazon.

Amazon SQS

SQS o Simple Queue Service está diseñado para gestionar servicios de colas de mensajes. Simple Queue Service es capaz de enviar mensajes a través de plataformas y múltiples servicios. Estos servicios que pueden tener mensajes enviados a ellos incluyen instancias de EC2, S3 y DynamoDB. Hace posible el movimiento de mensajes de una aplicación a otra, sin importar el estado del servicio (si está activo o inactivo). El servicio SQS tiene un tiempo de espera de visibilidad de hasta 12 horas. El servicio entrega información haciendo uso del servicio de cola de mensajes de Java.

Puerta de enlace de la API de Amazon

La pasarela de API de Amazon es un servicio diseñado para facilitar a los clientes de Amazon el desarrollo, la publicación, la monitorización, el mantenimiento y la seguridad de sus API, independientemente de la escala. Se puede acceder a esta herramienta a través de la consola de administración de Amazon Web Services, creando una API que actúa como una puerta para que las aplicaciones puedan acceder a los datos, la lógica u otras funcionalidades desde los servicios de back-end elegidos por el cliente, como EC2 o lambda, o incluso aplicaciones web. La función de puerta de enlace de la API automatiza todas las tareas necesarias para procesar cientos de miles de llamadas a la API, incluidas, entre otras, la supervisión, la autorización, el control de acceso y la gestión del tráfico.

AWS Desktop & App Streaming

Espacios de trabajo de Amazon

Se puede acceder fácilmente a este servicio a través de la consola de gestión de Amazon Web Services, lo que permite un despliegue rápido y sencillo de escritorios en la nube para una multitud de usuarios.

Amazon WorkSpaces es un acuerdo de escritorio como servicio (DaaS) seguro y supervisado. Puede utilizar Amazon WorkSpaces para organizar áreas de trabajo de Windows o Linux en tan solo un par de momentos y escalar rápidamente para ofrecer miles de áreas de trabajo a trabajadores de todo el mundo. Puede pagar mes a mes o por hora, sólo por los WorkSpaces que envíe, lo que le anima a reservar dinero en efectivo en contraste con las áreas de trabajo convencionales y los arreglos de VDI on-premise. Amazon WorkSpaces hace que te deshagas de la complejidad de supervisar el stock de equipos, las formas y correcciones del sistema operativo y la infraestructura de escritorio virtual (VDI), lo que mejora tu metodología de transporte del área de trabajo. Con Amazon WorkSpaces, sus clientes obtienen un área de trabajo rápida y con capacidad de respuesta de su decisión a la que pueden acceder en cualquier lugar, en cualquier momento y desde cualquier gadget mantenido.

Es posible utilizar este servicio pagando por hora o mensualmente, sólo por los WorkSpaces que decida lanzar, lo que le ayuda a ahorrar dinero en comparación con algunas de las opciones tradicionales que tiene para los escritorios. Es una de las mejores opciones para trabajar porque va a eliminar parte de la complejidad que viene con la gestión de su inventario de hardware, versiones del sistema operativo, y los parches, y la VDI, que va a hacer que la estrategia de entrega que usted hace con su escritorio mucho más fácil. Además, es rápido y más sensible en comparación con otras opciones, por lo que podemos obtener los mejores resultados con él en poco tiempo.

Amazon AppStream 2.0

El Appstream 2.0 es un servicio de streaming construido por amazon que permite el streaming de cualquier aplicación de escritorio en la nube de Amazon Web Services a cualquier dispositivo que sea capaz de ejecutar un navegador web, sin necesidad de ninguna reescritura. El servicio permite el acceso instantáneo a las aplicaciones necesarias, independientemente del dispositivo que se utilice. Aunque sabemos que los problemas de compatibilidad de muchas aplicaciones impiden un uso o transición fluidos de un dispositivo a otro, el servicio AppStream 2.0 de amazon ofrece una solución al permitir a los usuarios disfrutar de las ventajas de una aplicación de navegador nativa sin necesidad de reescribir el código de la aplicación, siempre que el dispositivo pueda ejecutar un navegador compatible con HTML - 5. Esto permite a los desarrolladores mantener simplemente una versión de sus aplicaciones, lo que permite a los usuarios acceder a la última versión, al tiempo que mantiene el mantenimiento de la aplicación y los problemas de parches al mínimo, y reduce el estrés de tener que lidiar con la portabilidad de la aplicación para la compatibilidad con diferentes plataformas. Además, AppStream 2.0 permite el escalado instantáneo y global en un modelo de pago por uso, lo que hace que los desarrolladores lo utilicen con comodidad.

Amazon App Stream 2.0 es un servicio de descarga de aplicaciones completamente supervisado. Puede tratar a medias sus aplicaciones del área de trabajo en App Stream 2.0 y transmitirlas de forma segura a cualquier ordenador. Sin duda puede escalar a cualquier número de clientes en todo el mundo sin necesidad de adquirir, aprovisionar y trabajar con equipos o infraestructura. App Stream 2.0 se basa en AWS, por lo que se beneficia de una granja de servidores e ingeniería de sistemas pensada para las asociaciones más delicadas en cuanto a seguridad. Cada cliente tiene una participación líquida y receptiva en sus aplicaciones, incluidas las de estructura y diseño 3D centradas en la GPU, porque sus aplicaciones se ejecutan en máquinas virtuales (VM) actualizadas para casos de uso explícitos y cada sesión de derrame cambia en consecuencia con las condiciones de organización.

Los centros educativos pueden utilizar App Stream 2.0 para agilizar el transporte de aplicaciones y completar su migración a la nube. Los centros de enseñanza pueden dar a cada alumno acceso a las aplicaciones que necesita para la clase en cualquier ordenador. Los comerciantes de programación pueden utilizar App Stream 2.0 para transmitir los preliminares, las demostraciones y la preparación de sus aplicaciones sin descargas ni establecimientos. También pueden crear un acuerdo completo de software como servicio (SaaS) sin modificar su aplicación.

Amazon WorkLink

El Amazon WorkLink es un servicio completamente supervisado que le permite atender a sus empleados con seguridad, fácil de acceder a su sitio web interno de negocios y aplicaciones con la ayuda de sus teléfonos móviles; Las soluciones tradicionales como las redes privadas virtuales (VPN) o el software de gestión de dispositivos son problemáticos para el uso en el camino, una y otra vez, necesitan el navegador personalizado que muestra la experiencia del usuario pobre. Como resultado, los empleados también perjuicio con la ayuda de a menudo renunciar a consumirlos en general.

Con Amazon WorkLink los empleados pueden acceder al contenido de la web interna con la misma facilidad que obtienen la accesibilidad de cualquier sitio web sin problemas como la conexión con su red comercial. Cuando el usuario utiliza el sitio web interno, la página web se renderiza primero a través de un navegador que se ejecuta en el contenedor protegido en AWS. A continuación, Amazon WorkLink transfiere el contenido de esta página a los empleados del teléfono en forma de gráficos vectoriales, manteniendo a salvo la funcionalidad y la interactividad de la página. Este enfoque es más seguro que las soluciones de estilo antiguo, ya que el contenido interno no se almacena ni se almacena en caché a través del navegador en los teléfonos de los empleados, además de que los dispositivos de los empleados nunca pueden conectarse directamente a la red de la empresa.

Además, con Amazon WorkLink, no es necesario exigir las cuotas mínimas en las promesas a muy largo plazo: nunca encontrarás cargos adicionales por consumir el ancho de banda.

Herramientas para desarrolladores

Compromiso de código de AWS

Code Commit es la administración de control de versiones de AWS que le permite almacenar su código y diferentes recursos en secreto en la nube. Es una administración de control de fuentes completamente supervisada que aloja almacenes seguros basados en Git. Hace que sea sencillo para los equipos trabajar juntos en el código en un entorno seguro y excepcionalmente versátil. Code Commit prescinde de la necesidad de trabajar con su propio sistema de control de fuentes o de estresarse por escalar su infraestructura. Puede utilizar Code Commit para almacenar de forma segura cualquier cosa, desde el código fuente hasta los pares, y funciona perfectamente con sus dispositivos Git actuales.

Creación de código de AWS

AWS Code Build mecaniza el camino hacia la construcción (compilación) de su código. Se trata de una administración de ensamblaje completamente supervisada que compila el código fuente, ejecuta pruebas y produce paquetes de software preparados para su implementación. Con Code Build, no tiene que proporcionar, escalar y mantener sus propios servidores de construcción. Esta administración escala de forma consistente y forma numerosas compilaciones simultáneamente, por lo que sus compilaciones no se quedan retenidas en una línea. Puede comenzar rápidamente utilizando situaciones de forma preempaquetada, o puede hacer condiciones de construcción personalizadas que utilicen sus propios aparatos de construcción.

AWS Code Deploy

Este es un método para enviar su código en instancias EC2 de forma natural. Es un servicio que puede automatizar el despliegue de código, incluyendo las instancias que se ejecutan en las instalaciones y las instancias EC2. Code Deploy le simplifica el lanzamiento rápido de nuevas funciones, le anima a alejarse del tiempo personal durante el despliegue de la aplicación y maneja la dureza de la actualización de sus aplicaciones. Puede utilizar Code Deploy para robotizar los arreglos de programación, eliminando la necesidad de actividades manuales inclinadas al fracaso. La administración escala con su infraestructura, por lo que puede, sin duda, transmitir a una instancia o a miles.

Canalización de código de AWS

Code Pipeline le permite supervisar varios pasos en su organización como la estructura, las pruebas, la confirmación y la disposición en condiciones de avance y producción. Code Pipeline es un servicio de transporte sin interrupción completamente supervisado que le permite mecanizar sus pipelines de lanzamiento para obtener actualizaciones rápidas y fiables de aplicaciones y marcos. Computariza los períodos de construcción, prueba y envío de su procedimiento de lanzamiento cada vez que hay un cambio de código, en vista del modelo de lanzamiento que usted caracteriza. Esto le permite transmitir características y actualizaciones de forma rápida y fiable. Sin duda, puede incorporar Code Pipeline con administraciones de terceros, por ejemplo, GitHub o con su propio módulo personalizado. Con AWS Code Pipeline, paga por lo que utiliza. No hay gastos directos ni responsabilidades a largo plazo.

Código estrella de AWS

AWS Code Star es una ayuda basada en la nube para crear, supervisar y trabajar con proyectos de desarrollo de software en AWS. Puede crear, fabricar y transmitir rápidamente aplicaciones en AWS con una empresa de AWS Code Star. Code Star le permite crear, construir y enviar rápidamente aplicaciones en AWS. También ofrece una interfaz de usuario unificada, lo que le permite manejar sin esfuerzo sus ejercicios de mejora de productos en un solo lugar. Con Code Star, puede configurar su cadena de herramientas de transporte continuo en cuestión de minutos, lo que le permite empezar a liberar código más rápidamente. Además, Code Star simplifica la cooperación de todo su grupo de forma segura, permitiéndole supervisar eficazmente el acceso y añadir propietarios y espectadores a sus tareas. Cada proyecto de Code Star está acompañado de un panel de gestión de proyectos, que incluye una capacidad de seguimiento de incidencias coordinada con Atlassian JIRA Software. Con el tablero de Code Star venture, puede seguir el progreso de todo su proceso de desarrollo de software, desde el exceso de elementos de trabajo hasta el despliegue de código en curso de los grupos.

Amazon Corretto

Corretto es una distribución sin coste, multiplataforma y lista para la creación del kit de desarrollo de Java abierto (Open JDK). Corretto acompaña el soporte a largo plazo que incorporará actualizaciones de ejecución y correcciones de seguridad. Amazon ejecuta Corretto dentro de las administraciones de producción y está garantizado como bueno con el estándar Java SE. Con Corretto, puede crear y ejecutar aplicaciones Java en sistemas operativos famosos, incluyendo Linux 2, Windows y macOS.

Rayos X AWS

AWS X-Ray facilita a los ingenieros el desglose de la conducta de sus aplicaciones diseminadas mediante el seguimiento de solicitudes, el surtido de casos especiales y las capacidades de creación de perfiles. Este servicio ayuda a los ingenieros a analizar y solucionar los problemas de las aplicaciones dispersas en producción o un trabajo en curso, por ejemplo, las construidas utilizando un diseño de microservicios. Con X-Ray, puede ver cómo funciona su aplicación y sus administraciones básicas para poder reconocer e investigar la causa raíz de los problemas de ejecución y los errores. X-Ray ofrece una perspectiva de extremo a extremo de las demandas a medida que viajan a través de su aplicación y muestra una guía de las partes ocultas de su aplicación. Puede utilizar X-Ray para diseccionar las dos aplicaciones en desarrollo y en producción, desde aplicaciones básicas de tres niveles hasta complejas aplicaciones de microservicios que comprenden miles de administraciones.

Introducción a Amazon CloudWatch

¿Qué es Amazon Cloud Watch?

¿Cómo funciona Amazon Cloud Watch?

Componentes de CloudWatch

Amazon Cloudwatch es uno de los servicios más utilizados proporcionados por Amazon que mantiene un control sobre las aplicaciones y recursos de AWS en la nube de AWS.

¿Qué es Amazon Cloud Watch?

Amazon Cloud Watch es un servicio de gestión diseñado para monitorizar los recursos y las aplicaciones que utiliza mediante la recopilación de métricas/registros que son variables que definen la medida del rendimiento.

En la página de inicio de Cloudwatch, se muestran las métricas de cada servicio de AWS que utilice. También puede crear un panel personalizado que muestre las métricas de sus aplicaciones personalizadas. Este servicio es beneficioso para los desarrolladores, los administradores de TI y los ingenieros, ya que facilita la realización de diagnósticos y la resolución de problemas para garantizar que las aplicaciones funcionen sin problemas.

Tienes la opción de crear alarmas que te notifiquen cada vez que se produzcan cambios en los recursos que estás monitorizando cuando se comprometa un umbral. Por ejemplo, puedes comprobar el estado de uso de la CPU, y utilizar esta información te ayudará a decidir si debes cargar recursos adicionales o no. Puedes utilizar 10 métricas y alarmas personalizadas de forma gratuita. Se le cobrará por las métricas adicionales.

¿Cómo funciona Amazon Cloud Watch?

Amazon Cloudwatch sigue una secuencia de acciones: en primer lugar, recopila logs y datos, después supervisa de cerca las aplicaciones en tiempo real y actúa de acuerdo con las reglas y, por último, analiza las métricas para su uso posterior. Durante la recopilación de datos, Amazon Cloudwatch supervisa y actualiza continuamente los registros. Si se encuentra algún problema, se inicia la resolución de problemas.

En pocas palabras, el servicio es como un repositorio de métricas y se pueden obtener estadísticas y análisis visuales basados en esas métricas.

La computación de los recursos se realiza en potentes y enormes centros de datos. Para garantizar la flexibilidad y la escalabilidad, todos y cada uno de los centros de datos están ubicados en diferentes regiones y cada región está separada de las demás para lograr la estabilidad y evitar fallos del sistema. Las métricas también se almacenan en cada región para poder analizar las estadísticas de trabajo en cada región.

Componentes de CloudWatch

Espacios de nombres

Un espacio de nombres es como un contenedor para contener métricas. Las métricas que se encuentran en diferentes espacios de nombres se tratan por separado para que no se superpongan.

Cuando se crea una métrica, se especifica un espacio de nombres que debe tener caracteres válidos (alfanumérico, guion bajo, barra, almohadilla, etc.) El espacio de nombres de AWS sigue una convención de nombres típica como AWS/ejemplo.

Métrica

La métrica es el componente principal de CloudWatch. Corresponde a una variable que se monitoriza, y los valores de una variable representan los puntos de datos.

Puede ver las métricas incorporadas proporcionadas por AWS o puede enviar sus métricas personalizadas a Cloud Watch. Las métricas sólo existen en la región en la que se realizan. Pueden ser eliminadas; sin embargo, expiran después de 15 meses si no hay puntos de datos. Puede definir una métrica por nombre o espacio de nombres.

Sello de tiempo

La marca de tiempo se refiere a la fecha y hora que se asocia a un punto de datos de la métrica. Si no se crea una marca de tiempo, CloudWatch configura automáticamente la marca de tiempo en función de cuándo se recibió el punto de datos. La marca de tiempo muestra la fecha completa, las horas, los minutos y los segundos.

Dimensión

Una dimensión se refiere a las características que describen una métrica. Las dimensiones facilitan la localización de una determinada métrica y la obtención de sus estadísticas. Por ejemplo, si desea obtener las estadísticas de una instancia de EC2 en particular, puede especificar la dimensión para el instanceID.

Hay algunas métricas generadas por otros servicios de AWS, como Amazon EC2, para las que CloudWatch puede agregar datos y mostrar las estadísticas. Si busca métricas en el espacio de nombres AWS/EC2 pero no menciona ninguna dimensión, CloudWatch agregará todos los datos de la métrica mencionada y mostrará las estadísticas.

Estadísticas

Cloudwatch proporciona la agregación de datos durante un período específico. La agregación de datos es la colección de cosas relacionadas en conjunto y se calcula utilizando el nombre de la métrica, la dimensión, el espacio de nombres y el punto de datos.

AWS proporciona una lista de estadísticas disponibles como se menciona a continuación:

Mínimo

Es el valor más bajo que se observa durante el periodo especificado.

Máximo

Es el valor máximo o más alto que se observa durante el periodo especificado.

Suma

Los valores que pertenecen a la misma métrica se suman. Esta estadística ayuda a determinar el volumen total de una métrica.

Media

Es la relación entre la suma y el recuento de muestras durante el periodo especificado. Comparando el valor de la media con el Mínimo y el Máximo, le ayudará a decidir cuándo aumentar o disminuir los recursos.

Recuento de muestras

Registra el número de puntos de datos.

pNN.NN

Es el valor del percentil especificado. Utilizando hasta 2 decimales, puede escribir cualquier percentil.

Unidades

Cada estadística se mide en unidades que pueden ser segundos, porcentaje, bytes, etc. Siempre que cree una métrica personalizada, es una buena práctica especificar la unidad. Si no menciona ninguna unidad, Cloud watch utiliza ninguna como unidad. Al especificar las unidades, hace que los datos sean más significativos. Cloud watch agregará datos similares que tengan las mismas unidades y emitirá los resultados. Si no se especifica ninguna unidad, Cloud watch tratará todos los datos igual.

Periodo

Un periodo se refiere a la duración del tiempo asociado a una estadística. Cada estadística muestra la agregación de datos en un periodo de tiempo específico. Se mide en segundos y los valores válidos para el periodo son múltiplos de 60.

Si desea recuperar las estadísticas de cualquier métrica, puede mencionar parámetros como la hora de inicio, la hora de finalización y el periodo. Estas variables devuelven la duración global de las estadísticas correspondientes. Los valores por defecto de los parámetros darán salida a un conjunto de estadísticas de la hora anterior.

Cuando se agregan las estadísticas a lo largo de un periodo de tiempo, se marcan con el tiempo correspondiente a la hora de inicio. Por ejemplo, los datos agregados entre las 10:00 pm y las 11:00 pm se marcan como 10:00 pm. Además, los datos agregados entre las 10:00 pm - 11:00 pm se hacen visibles a las 10:00 pm. Los datos agregados pueden cambiar a medida que se recogen más muestras durante la duración del tiempo.

Los períodos pueden utilizarse para las alarmas. Cuando se desea supervisar una métrica, el reloj de la nube compara la métrica con el valor umbral que el usuario especifica. Se puede especificar el tiempo durante el cual se realiza la comparación, y se puede mencionar cuántos períodos de evaluación se necesitan para llegar a la conclusión.

Agregación

Las estadísticas pueden agregarse en función del periodo que se especifique al recuperar las estadísticas. Puede añadir puntos de datos que tengan un periodo de tiempo similar para que AWS CloudWatch pueda agregarlos. CloudWatch no agrega datos según la región.

No sólo puede agregar datos según el período, sino que puede hacer lo mismo para las dimensiones y el espacio de nombres. Puede agregar puntos de datos para las mismas o diferentes métricas, con diferentes marcos de tiempo.

En un sistema distribuido, las métricas de diferentes fuentes que tienen las mismas dimensiones y espacios de nombres se tratan como una sola métrica.

Percentil

Un percentil indica la posición de un valor en un conjunto de datos. Ahora se preguntará por qué y dónde se utilizan los percentiles. Siempre que esté ejecutando un sitio web o una aplicación, necesita asegurarse de que está funcionando a su máximo potencial para proporcionar una mayor experiencia al usuario. Cuando se miran los promedios, es posible que no se pueda ver el panorama general porque el promedio puede no incluir los valores atípicos, por ejemplo, que el 5% de los usuarios no tuvo una buena experiencia.

Los percentiles son, de hecho, una estadística útil que le ayuda a entender el comportamiento y el rendimiento de la aplicación que está ejecutando. Algunas métricas de CloudWatch admiten el uso de percentiles. Puedes especificar el percentil hasta con 2 decimales y utilizarlo al crear una alarma.

El percentil también está disponible para las métricas personalizadas, siempre que se publique el punto de datos sin resumir. Sin embargo, no se puede utilizar para los valores de la métrica, que son negativos.

Alarma

Una alarma se utiliza para invocar acciones automáticamente. Puede observar una sola métrica durante un período específico y realiza una acción basada en el valor de la métrica contra el valor del umbral.

La acción es una notificación que se envía a Amazon SNS o a la política de escalado automático. Hay una opción para añadir una alarma en el panel de control.

Cuando cree una alarma, seleccione un período mayor o igual a la frecuencia de la métrica que se supervisa. Por ejemplo, la monitorización detallada proporciona métricas para sus instancias EC2 cada 1 minuto. Esto significa que debe establecer una alarma de 1 minuto (60 segundos).

Conclusión:

Amazon ofrece muchos servicios web. Muchos de ellos se indican más arriba.

La computación en nube, en términos más sencillos, significa almacenar y procesar datos y servicios a través de Internet, en lugar del disco duro de su ordenador.

El disco duro es lo que no es la computación en nube. Se llama almacenamiento y computación local cuando almacenas datos en el disco duro o ejecutas programas desde él. Todo lo que necesitas está físicamente cerca de ti, lo que significa que tienes un acceso rápido y fácil a tus datos (para ese dispositivo, o los de la red local). El funcionamiento del disco duro es la forma en que la industria tecnológica ha estado operando durante una década.

El futuro de la tecnología informática está en la nube. Lo que significa que si no está adaptando su empresa para que se adapte al modelo de la nube, su empresa se quedará atrás en este mundo de la tecnología moderna.

La computación en nube es cuando las organizaciones comparten una red de servidores de libre acceso. Los servidores se almacenan en Internet, lo que permite a las empresas manejar los datos "en la nube" en lugar de en un servidor local. Es un espacio virtual en el que los dispositivos de la red pueden acceder a los datos desde cualquier lugar.

Aunque la computación en nube sólo ha cobrado un gran impulso en las dos últimas décadas aproximadamente, el concepto existe desde los años sesenta. John McCarthy, un reputado informático, introdujo la idea cuando inventó una tecnología que permitiría comercializar la computación como un producto básico, como la electricidad o el agua. Indicó que cada abonado sólo tendría que pagar por la capacidad que realmente utilizara y que ciertos usuarios podrían vender servicios a otros usuarios.

Amazon Web Services (AWS) Introducción al famoso Amazon Web Services es una sólida plataforma en la nube desarrollada por el gigante del comercio electrónico Amazon. Ofrece servicios de software como servicio (SaaS), plataforma como servicio (PaaS) e infraestructura como servicio (IaaS). Piense en la historia del suministro eléctrico para comprender la lógica de AWS.

Al principio, las fábricas construyen sus propias plantas para alimentar sus propias instalaciones. Con el tiempo, los gobiernos y los inversores privados han desarrollado grandes centrales eléctricas que suministran electricidad a numerosas ciudades, fábricas y hogares. Con este nuevo modelo, las fábricas pagarán aún menos por unidad de energía debido a las economías de escala de que gozan las enormes centrales eléctricas. AWS se diseñó y construyó sobre la base de una lógica similar.

En 2006, Amazon se había consolidado como el mayor minorista online del mundo, un papel que aún mantiene. Para llevar a cabo una operación de tal envergadura se necesitaba una infraestructura amplia y sofisticada. Ello dotó a Amazon de una gran experiencia en la gestión de redes y servidores a gran escala.

Como resultado, AWS se lanzó en 2006 cuando Amazon intentó hacer accesible a empresas y particulares la infraestructura tecnológica que había desarrollado y la experiencia que había adquirido. AWS fue uno de los primeros modelos informáticos de pago por uso (PAYG) que podía escalar el rendimiento, el almacenamiento y la computación en función de las necesidades cambiantes del usuario.

Amazon Web Services ofrece infraestructura en la nube desde cientos de centros de datos y numerosas zonas de disponibilidad (AZ) que abarcan regiones del mundo. Cada AZ incluye varios centros de datos. Los clientes pueden configurar máquinas virtuales y duplicar sus datos en varias AZ con el fin de proporcionar una red altamente escalable y resistente a los fallos del servidor o del centro de datos.

Milton Keynes UK
Ingram Content Group UK Ltd.
UKHW011513130824
1249UKWH00011BA/125